公文高效写作

方法与工具

杜凤华◎编著

清华大学出版社

北 京

内 容 简 介

本书旨在提升公文写作效率，通过实用的方法和工具帮助读者快速提升公文写作能力。共分十个章节，涵盖公文知识、写作要素、公文人员境界、方法篇、工具篇和素质篇等内容。书中突出介绍了AI在公文写作中的应用，重点关注 AI 智能写作和 ChatGPT 的使用。通过这些工具，让读者能够更轻松地完成公文写作任务，以提高效率。

本书的写作特点体现在实操性和实战应用。通过具体案例和工具介绍，读者将学习实际写作过程中的关键技巧和方法，提升公文写作效率。通俗易懂的语言和案例展示使读者能够轻松理解和应用所学知识。

本书适合各级政府机关、企事业单位的工作人员、行政文秘人员以及希望提升公文写作能力的读者阅读。无论是初入职场的新人，还是希望加强对公文写作实务了解的读者，都能从本书中获得实用的写作技巧和方法。

图书在版编目（CIP）数据

公文高效写作方法与工具/杜凤华编著. —北京：清华大学出版社，2024.6
ISBN 978-7-302-65504-6

Ⅰ.①公… Ⅱ.①杜… Ⅲ.①公文－写作 Ⅳ.①H152.3

中国国家版本馆 CIP 数据核字(2024)第 044650 号

责任编辑： 付潭娇
封面设计： 方加青
责任校对： 王凤芝
责任印制： 丛怀宇
出版发行： 清华大学出版社
   网 址： https://www.tup.com.cn，https://www.wqxuetang.com
   地 址： 北京清华大学学研大厦 A 座   **邮 编：** 100084
   社 总 机： 010-83470000   **邮 购：** 010-62786544
   投稿与读者服务： 010-62776969，c-service@tup.tsinghua.edu.cn
   质 量 反 馈： 010-62772015，zhiliang@tup.tsinghua.edu.cn
印 装 者： 北京鑫海金澳胶印有限公司
经 销： 全国新华书店
开 本： 170mm×240mm **印张：** 15.25 **字 数：** 289 千字
版 次： 2024 年 7 月第 1 版 **印 次：** 2024 年 7 月第 1 次印刷
定 价： 79.00 元

产品编号：103008-01

前　言

不可否认，当今社会，公文写作已经成为一项非常重要的工作技能，特别是对党政机关、社会团体、企事业单位工作的人员，公文写作早已成为日常工作中的一部分。许多人会问：这么庞大、繁杂的公文内容从哪来？它们都是如何构建的？有没有一套模板或者写作规律呢？公文写作看似复杂，其实，每一类公文、每一篇文章背后都是有迹可循的。可以说，在公文的特定主题下，只要熟练掌握公文写作技巧、写作模板和公文写作的格式规范，快速成文已不再是难题。

写作初心

我们常说，一个好干部的标准是会写、能说、干好，也就是材料写得好、讲话入人心、做事有成绩。实际上，"讲话入人心"离不开"好"的稿子做基础，而干事干得再好，也需要好的稿子来呈现，否则就成了"茶壶里有饺子，干费劲倒不出来"。由此可见，"会写"是评判标准最重要的内容。所以，擅长写材料的干部，在激烈的职场竞争中更容易脱颖而出。

公文写作往往被认为是一项充满挑战的工作。许多人在步入体制工作之前可能很少接触到公文，对公文写作的特点和规范并不了解，尤其是党政机关的公文，觉得深奥而难以掌握。进入工作岗位后，面对日常的大量公文写作任务，往往会感到"压力山大"，加班熬夜成为常态，却又很难找到行之有效的方法来提高效率。这种情况下，许多人可能会对公文写作产生排斥心理，不愿意投入时间和精力去学习和改进。但实际上，公文写作并不是不可逾越的障碍。通过学习一些基本的原则和技巧，任何人都可以逐步提高公文写作的能力。

笔者曾经是一名基层站段的普通工人，也是公文写作的"门外汉"，从最初的车间小通讯员开始，通过不断提升公文写作能力、拓展工作能力，逐渐攀升至总经理秘书、宣传部长和车间党总支书记的职位。在这个过程中，笔者经历了各种大小任务，撰写了近1万份材料，累计书写的字数达300多万字。

在公文写作的道路上，笔者也曾踩过无数的坑，遇到过各种挑战和难题。正是通过不断学习、改进和总结方法，笔者逐渐形成了自己独特的公文写作方法论。每一个案例，每一个实际应用场景，都成为笔者总结和分享的宝贵财富。这些案例既具有很强的学习性和操作性，又富有借鉴性和实用性，能够帮助公文写作人员从零基础快速上手，避开常见的写作陷阱，提高写作的效率和质量。

笔者深刻理解公文写作的挑战和压力，也明白掌握写作技巧的重要性。因此，笔者希望通过本书，与您分享笔者的宝贵经验和独特的写作方法，通过学习和实践，您也可以成为精通公文写作的专业人士。在本书中，您将不仅仅看到理论知识的阐述，更会接触到真实的实战案例。这些案例都是笔者在实际工作中积累的真实写作经验，经过精心挑选和整理，更具有实用性和可操作性。通过图解、表格和详细解析，笔者将带您深入了解每个案例的背景、写作技巧和实际应用场景，让您能够事半功倍地掌握公文写作的要领。

本书特色

《公文高效写作方法与工具》这本书与众不同之处在于它的实用性和指导性。

本书结合了大量实际工作场景中的案例，以及配套的实战工具，确保读者能够深刻理解公文写作的技巧，并将之应用于日常工作中，从而避免常见的写作误区。本书着重培养读者的写作技巧。通过生动的故事场景，揭示了公文写作中可能遇到的问题，并采用师徒对话的形式，逐个分析每项技巧背后的理论基础，使读者能够更加深入地掌握并应用这些技巧。此外，书中还分享了许多实用的经验和小窍门，进一步提升了公文写作的效率和质量。

无论您是新手还是经验丰富的从业者，本书都将为您提供有益的指导和帮助。我们将引导您跨越公文写作的难点和挑战，让您在工作中展现出卓越的写作能力。笔者真诚地希望，通过本书的阅读与学习，您能够不断提升公文写作能力，从而在工作中取得更大的成功。

成为高手

本书的目标是引领您成为一名高效、准确和规范的公文写作专家，为您打开成功之门。笔者深知公文写作的挑战和难点，因此本书注重实用性和指导性，旨在帮助您解决实际应用中的写作问题，提升您的写作能力，本书将成为您精进公文写作技能的得力助手。

从基础规范到高阶技巧，您将一步步建立起完备的公文写作知识体系。笔者将带您深入理解每一个知识点背后的逻辑，确保您的每份公文都能精准传达意图，达到预期效果。

相信通过学习本书，您将能够快速掌握公文写作的核心要领，并在实际应用中取得更大的成功。

《公文高效写作方法与工具》与您一同蜕变，让我们共同努力，成为公文写作领域的高手。

杜凤华

2023 年 10 月

目　　录

工 具 篇

素 质 篇

理论篇

第1章

公文知识知多少

1.1 公文的概念与分类

公文是指政府机构、企事业单位及其他组织机构内部通信或与外部进行沟通、交流和协调的一种书面文件，它具有明确的写作目的和规范的格式要求。公文是对机构与个人的一种约束，大家要在约束范围内做好自己的事情，避免出现混乱。那么，公文到底是什么呢？

首先，公文分为内部公文和外部公文。内部公文主要是机构团体内部流传的文件，如请假条、出差申请等。外部公文则是机构团体与外部单位之间沟通交流的文件，如邀请函、合同等。

其次，公文还分为正式公文和非正式公文。正式公文需要遵循特定格式和规范，如发言稿就是一种正式公文。而非正式公文则没有严格的格式要求，如公司内部的一些便签、备忘录等。

很多初入职场的人员没搞清公文概念就盲目下笔，结果总是被一遍遍退回重改。

1.1.1 公文的含义

公文，全称为"公务文书"，是社会公务活动的产物和工具。具体来说，公文是机关团体、企事业单位及其他组织机构在处理公务活动中产生的具有传递信息和记录作用的载体。这是公文的基本含义，也是被大家普遍认识到的含义。除了这一基本含义，它还有公文属性含义。只有明晰公文含义，才能写出一篇符合要求的公文。

 场景重现

小刘刚从学校毕业，来到了某国企上班。公司大老板李总交代他写一篇发言稿。小刘心想，不就是个公文吗？没问题！他信心满满地开始写。

"尊敬的领导和各位同事，大家好。今天我为大家介绍一下我们公司的业务情况。首先……我们的产品广受好评，希望在未来的发展中继续保持我们的领先地位……谢谢。"

结果，小刘交上去的发言稿格式不对，用词也不严谨，甚至出现了错别字。李总看了一眼就直接打了回来。

小刘对此感到很委屈，但他忽略了一个非常重要的问题——公文是一种特殊的文体，需要严格遵守规范和要求。为了写好入职后的第一篇公文，小刘赶紧找到经验丰富，在公文方面较为精通的大秘华姐取经。

 分析解惑

小刘：华姐，我的文章被打回三遍了，老板说我写的压根不是公文，而是流水账。公文到底是什么？它的基本含义又是什么？

华姐：公文是指政府机关、企事业单位及其他组织机构在行使职权过程中所起草的文书，用于传达信息、下达指示、作出决定等，具有明确的法律效力和规范性。公文的基本含义就是以文字记录的形式，表达某一组织机构或个人的意志和决策，体现其权利和义务。

小刘：我还是有点不懂，您能举个例子吗？

华姐：比如，政府机关发出的《关于开展群众性文化活动的通知》、企事业单位的《关于年度工作计划的报告》《关于公司董事会决议的公告》等文书都被视为公文。这些文书的形式和内容都必须遵循公文行文要求和标准，以确保其法律效力和规范性。你看这些公文，无论标题、版头，还是语言文字、标点符号等都有特定要求，不能乱用，否则就会闹出笑话，这就涉及公文的属性含义。

小刘：除了基本含义之外，它还有哪些属性含义？

华姐：公文的属性含义包括：正式性、规范性、严肃性、权威性和保密性。其中，正式性指的是公文必须符合特定的格式和标准，具有明确的发文字号（简称文号）、签发人、签发时间等信息；规范性指的是公文必须遵循一定的规范和标准，如使用规范的词汇和语言；严肃性指的是公文必须具有一定的正式性和庄重感，这样可以体现其正式文件的性质；权威性指的是公文必须具有一定的法律或行政效力，以及明确的责任和指导价值；保密性指的是公文必须根据内容的机密程度进行分级保密，以确保信息安全。

小刘：您能给我再举个例子来说明吗？

华姐：比如，一份政府机关发出的《关于应对自然灾害的紧急通知》，发文字号是【2023】5号，从发文字号可以看出，这份文件是政府机关2023年发出的第五份文件。在公文中，签发时间通常会放置在公文正文的右上角或左上角位置。这个位置通常是公文抬头部分的一部分，会包含签发单位的名称、地址、电话等信息。具体的位置可能会根据不同的公文格式和组织的要求而有所不同。此外，通知的内容必须严谨、明确，以确保其严肃性和规范性；通知的签发人必须是一位具有权威性的领导，以确保其权威性和合法性；如果通知涉及机密信息，那么通知的内容还必须进行分级保密，以确保信息安全。

小刘：原来公文这么多门道啊，以后可不能随便写公文了，一定要按照公文的格式规范来认真对待。要不，还得被大老板打回来。

华姐：公文不仅仅是文字的表达，它还承载着组织的权威和形象，直接关系组织的运作效率。公文的撰写是一个需要细心和专业知识的过程，不可草率行事。作为公文创作人员，在实际工作中，应当严格遵守相关的规定和标准，以确保公文的专业性和特定效力。

 改后材料

尊敬的领导和各位同事，大家好。

今天非常荣幸能够在这里向大家介绍一下我们公司的业务情况。我们公司是一家专业从事××××行业的企业，在这几年的发展中，我们的产品得到了广泛的认可和好评。

我们公司的产品以质量稳定、性价比高、服务优质而著称。我们的产品覆盖了多个领域，包括×××、××××、××××等，深受广大客户的喜爱。我们公司一直致力于为客户提供最优质的产品和服务，为客户创造更大的价值。

在未来的发展中，我们将继续保持我们的领先地位。我们将不断加强产品研发和创新，提高产品的质量和性能，深入挖掘市场需求，为客户提供更加个性化和专业化的服务。同时，我们将加强与各方面的合作，拓展业务范围和市场渠道，为公司的可持续发展奠定更加坚实的基础。

最后，我想再次感谢大家对我们公司的关注和支持。我们将一如既往地为客户创造更大的价值，为行业的发展作出更大的贡献。谢谢！

应对秘籍

如何写出一份符合要求的公文呢？

（1）理解公文类型和目的。不同的公文类型（如通知、通告、报告、请示、决定等）有着不同的格式和语言风格要求。在开始写作之前，清楚地理解要写的公文类型和目的，这将决定写作方向和内容重点。

（2）遵守公文格式。每种公文都有一套标准的格式，其中包括文种、标题、发文字号、成文日期、发文单位、正文、落款和附件等。严格遵守这些格式要求，确保公文的专业性和正式性。

（3）组织清晰的结构。将公文内容组织成一个逻辑清晰的结构，一般包括引言（提出问题或背景）、正文（陈述事实、分析问题、提出建议）和结尾（总结并提出具体要求或期望的行动）。

（4）使用正式和准确的语言。语言应当正式、准确、简洁明了。使用专业术语时，确保其标准且恰当，让读者能够轻松理解公文内容。

（5）审查和修改。完成初稿后，对公文进行认真审查和修改。检查内容是否符合公文目的，格式是否规范，语言是否正式准确，逻辑是否通顺，以及是否存在错别字或语法错误。如果可能，可以让同事或上级预审，确保公文符合组织的要求和标准。

1.1.2　公文的分类

公文分类的目的是明确公文的特点，为公文处理和利用提供方便。在日常工作中，为了便于查阅，我们通常会把公文分为：命令（令）、决定、决议、公告、通告、通知、通报、报告等。但是，这只是一种相对的分类方法。每种文体都有其自身特点，有些文体需要根据它的特定属性来划分。搞不清分类，就很容易张冠李戴。

 **场景重现**

小刘任职的公司最近活动较多，李总安排小刘给业务单位写封邀请函，并给下属单位下发活动开展通知，同时给同级单位发一封公函。

小刘非常重视此次任务，他加班熬夜很快就完成了三份文件，当他信心满满地拿着三份文件交给李总后，李总却一个劲摇头，表示文件分类不对，三份文件都不能用。

原来，小刘忙着写公文，却没注意到公文分类不同，写法完全不一样。以下是小刘写错的公文案例。

（1）邀请函。在该函中，小刘没有注明是发文还是收文，更没有注明具体的文件类型，这给业务单位分清函件造成了不便。

（2）通知。在该通知中，小刘没有标明收发文机关名称、文件字号、审批时间等详细信息，这给下属单位处理工作带来了极大的不便。

（3）公函。在该公函中，小刘没有区分是报告还是决定，更没有注明具体的类型，这让同级单位对公函的内容产生了疑问。

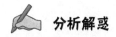 **分析解惑**

小刘意识到自己的问题，便找到了华姐请教。以下是华姐对小刘所提出的问题的分析与解答。

华姐：首先要了解什么是公文分类。公文分类是指根据不同的用途对公文进行分类。发文有发出去的公文和接收别人发过来的公文，收文有收到别人发过来的公文和主动索取的公文；报告有情况报告和工作报告；决定有会议决定、上级批准；等等。在写公文之前，一定要先分清楚自己写的是哪类公文。

小刘：那么应该如何用正确的分类方法写出公文呢？

华姐：准确归类公文的关键是有清晰的主题和对应的文档体例。公文按照性质可以分为通知、议案、决定、意见、函、纪要等；按照内容可以分为报告、请示、批复等。并且，按照文件类型的不同，分别采用不同的体例和格式。

一般来说，可以按照不同的标准来分类。但是这都只是一些相对型分类方法，从公文的特点来看，我们可以大致将公文分为三类：法定公文、专用公文和工作文书。

1. 法定公文

法定公文，是指由国家权力机关、行政机关、司法机关及经法律授权的组织发布的公文。它是使用范围最广、数量最多，也是人们了解和掌握程度最深的公文。公文种类非常多，有30种之多，其中分为上行文、平行文和下行文三种。

上行文是指向上级领导机关汇报工作、反映情况、答复领导机关的询问时使用的文书。例如：请示、报告、函等。

平行文是指对不相隶属单位之间的问题作出处理时使用的文书。例如：会议纪要等。

下行文是指向下级机关布置工作时使用的文书，例如：命令（令）、决定、通报、议案等。

为了使人们能正确地区分公文的种类，《国家行政机关公文处理办法》明确了国家行政机关公文包括公告、通告、通知、通报和报告等。不同种类的公文具有不同的特点和作用，因此我们在使用时也要根据不同内容来确定使用哪种公文种类。

2. 专用公文

专用公文是指为特定的公务需要而制发的公文。在行政机关中，有许多为公务而制发的公文，如法规、条例、规章制度、决定、决议等。这些公文都有其特定的用途，具有特定的行文方向和行文关系。它们在行政机关中起着"法规性文件"的作用，具有法律效力。它们的形成和使用要符合有关的法律规定。因此，我们在进行公文处理时，必须按照有关法律规定和行政机关公文处理办法等文件的规定来处理。这就是所谓的"无法定不为文"。

此外，专用公文在我们日常工作中也比较常见。如：会议纪要、命令、批复等，它们都是为特定公务服务的，其行文关系和行文方向都与法定公文有所不同，需要专门处理和使用。

3. 工作文书

工作文书是指机关在日常工作中经常使用的、用以处理日常工作事务的文书。它包括会议纪要、工作报告、工作计划等。这类文书主要用于上级机关对下级机关的布置工作，或者下级机关对上级机关的请示报告事项，在行文中不涉及国家政策和方针等方面的问题。

工作文书以处理事务为中心，具有较强的实用性和灵活性，可以用于处理日常事务，也可以用于专项业务工作。因此，它比较适用于党政机关中一些单位和部门，例如：各级党委、各级政府、国家安全机关、国家工商行政管理部门、国家税务机关、海关等。

另外，在机关日常工作中还有一种专用文书，主要用于处理专业性事务，例如：统计报表、调查报告等。

小刘：听您讲解了这么多，真是受益匪浅，谢谢您指点。

华姐：了解之后，你可以根据我的讲解，再回到你所撰写的那三份文件，去找找问题，好好修改，相信你很快能写出标准的公文。

 改后材料

经过华姐的指导，现在小刘知道了各类公文的具体特点，他开始再次尝试，写出格式正确的公文。

小刘首先明确了，要给某个单位发一份文件，那么这份文件应该是一份发文，因此他将这篇公文的具体格式设置如下：

文件字号：×××－×××（机关代字－数字）；

发文日期：××××年××月××日；

来文单位：×××省××市×××单位；

正文：内容纯净、简洁、不带色彩，采用小三宋体或楷体，在左边距为二字的空地内，及第行空一格。采用内容分章节的方式，呈现公文的真正意义；

附件：（必要时用）；

领导签名：

解决完发文格式后，小刘继续尝试解决收文格式问题，下面是小刘对一份收文设置的具体格式：

文件字号：×××－×××（机关代字－数字）；

收文日期：××××年××月××日；

发文单位：×××省××市×××单位；

正文：内容纯净、简洁、不带主观情感，采用小三宋体或楷体，在左边距为二字的空地内，及第行空一格。采用内容分章节的方式，呈现公文的真正意义；

附件：（必要时用）；

领导签名：

 **应对秘籍**

公文按照地位重要性可以分为法定公文和非法定公文；按照性质可以分为议案、决定等；按照内容可以分为报告、请示、批复、意见、函、纪要等；按照行文关系可以分为上行文、平行文和下行文。

1. 根据地位重要性分类

（1）法定公文：由法律、法规或规章规定的，具有国家法律效力和行政效力的公文。

如上级对下级下达的工作任务、指示，下级对上级传达的工作任务、指示等。具体来说，我们可以根据《党政机关公文处理工作条例》和《党政机关公文格式》来区分。

此类公文一般有，如《中华人民共和国刑法》《中华人民共和国刑事诉讼法》等法律；《中华人民共和国宪法》《中华人民共和国国务院组织法》和《中华人民共和国地方各级人民代表大会和地方各级人民政府组织法》等法律。

（2）非法定公文：由国家行政机关规定的，具有行政效力和规范作用的公文。例如：行政法规、规章及部门规章和地方性法规；与上级机关行文关系不密切或不相隶属的文件。

2. 根据性质分类

（1）议案：指对法律、法规等的修改和补充，需要由法定机关法定人员提出议案，经法定机关或法定人员审议并表决通过后才能生效的公文。如，中华人民共和国全国人民代表大会会议（简称人大会议）提出的"修改和补充《中华人民共和国宪法》《中华人民共和国刑法》"等议案，就属于议案。

（2）决定：指对某些重要事项或重大行动所作的决定，需要通过法定程序由国家法定机关或法定人员作出才能生效的公文。如：中华人民共和国国务院（以下简称国务院）关于职工退休、退职的决定；国务院关于干部职务任免、升降的决定；国务院关于职工工资福利调整的决定。

3. 根据内容分类

（1）报告：向上级机关汇报工作，反映情况，答复上级机关的询问。

（2）请示：请求上级机关批准某一事项。

（3）批复：答复下级机关请示事项。

（4）决定：对重要事项或重大行动作出安排，奖惩有关人员，变更或者撤销下级机关不适当的决定事项。

（5）通报：表彰先进、批评错误、传达重要精神或情况。

（6）决议：对重要问题的决定或批准。

（7）议案：对某一具体事项依法作出的决策和决定。

（8）意见：对重要问题提出见解和处理办法。

（9）函：向有关主管部门请求批准和答复审批事项的文件。

（10）纪要：记载会议主要情况和议定事项。

（11）公告：向国内外宣布重要事项或者法定事项。

（12）通知：通过通知的形式以公开的方式向相关单位和个人传达某一事项。通知也是一种知照性公文文种，在日常生活中，这一类公文运用得非常广泛。例如，通知的标题中有"函"字，就是通知的标题，只是这个标题没有带"通知"字。

4. 按照行文关系分类

根据行文关系，可以将公文分为上行文、平行文和下行文。

上行文是指下级机关向上级机关发出的公文。常见的有请示、报告等。比如："关于对××县 2007 年度省耕地开垦费投资土地开发整理项目申请竣工验收的请示"就是一份典型的上行文，因为这是一份"请求上级机关批准××事项"的请示。

平行文是指同级机关或不相隶属的机关（即没有领导或业务关系的机关）之间相互往来文件，如议案、通知、公函等。平行的行政机关、社会团体、企事业单位之间，不管属于什么地区和系统，只要有公务需要联系，都可以根据实际情况，以平行文的形式商洽工作，询问和答复问题、审批事项等。

下行文是上级机关向下级机关发出的公文。下行文包括命令（令）、决定、公告、指示、通知、通报、批复 7 个文种。下行文可以逐级行文，也可以多级行文，还可以通过刊登、张贴、广播电视等形式，直接向人民群众行文。比如，"××市人民政府关于同意设立××委员会"就是一种典型的下行文。

5. 按照公文的紧急程度分类

行政机关公文按紧急程度分包含特急公文、紧急公文、常规公文三种。

（1）特急公文（特急），指事关重大而又十分紧急，要求以最快的速度形成、运转和办理的公文。

（2）紧急公文（急件），一般也是涉及重要工作需要迅速形成、运转和办理的公文。

（3）常规公文（平件），是指可以按正常速度形成、运转和办理的公文。但常规公文也要及时办理。

6. 根据秘密等级分类

按照秘密等级分为绝密、机密、秘密三级。绝密级公文是最重要的国家秘密，泄露会使国家安全和利益遭受特别严重的损害，如《中华人民共和国国家安全法》等；机密级公文是重要的国家秘密，泄露会使国家安全和利益遭受严重损害，如《中华人民共和国保守国家秘密法》等；秘密级公文是一般的国家秘密，泄露会使国家安全和利益遭受损害，如《中华人民共和国保守国家秘密法》（以下简称《保密法》）等。

根据《保密法》的规定，机关、单位应当根据工作需要确定本机关、单位产生公文的密级和保密期限，确定应当标注"密"字的公文种类。机关、单位不得将涉及国家秘密事项向非涉密部门和人员泄露或转移。在公文流转过程中，应当加强对涉密公文的管理，形成全过程管理体系。要坚持涉密不上网，上网不涉密原则，落实"谁公开、谁审核、谁负责"的保密责任制，严格遵守保密制度。

1.2　公文的特点与作用

公文产生于一定的社会环境，并依照特定的规范而成文，最终运用在不同的领域，因此，相对于其他文书来说，公文有着它自身的特点和作用，本节将对这两个方面的内容进行具体介绍。

1.2.1　公文的特点

场景重现

这天，公司李总让小刘写一份工作报告，小刘兴致勃勃地开始了他的写作之旅。经过一番努力，小刘完成了工作报告，并将其交给李总审核。由于小刘写错了公文的格式，并且报告中很多用词都不严谨，这让李总被上级领导批了一顿。李总有些生气，在会议室严厉地批评了小刘，这令小刘感到非常羞愧。

以下是小刘原始的报告内容。

各位大佬：

我在这里写一份报告，主要是关于我们部门的工作情况和未来的计划。首先，我想说我们部门的工作量真的很大，但我们都很有干劲，一直在努力。其次，我觉得我们需要更好的协作，提高工作效率……最后，我希望我们能够在未来的工作中取得更好的业绩。（略）

谢谢！

在这份报告中，小刘使用了大量口语化的表述，如"各位大佬"，这样的用词不符合公文的规范，也影响了报告的严肃性。

 **分析解惑**

小刘意识到自己对公文的理解偏差，主动请教了华姐。华姐为小刘分析了公文所需的要素和注意点。

华姐：小刘，你想要写好公文，需要明确公文所体现的主题和重要思想。

小刘：嗯，我是有些模糊了。

华姐：同时也需要注意通篇的逻辑性和条理性，每一段的内容必须突出该段的主旨，环环相扣，组织清晰。

小刘：嗯，您说得对，我写得确实有些凌乱。

华姐：此外，字句要准确、凝练、简练，使用简单但有力度的语言，让读者非常清晰地了解你想表达的内容。你可以经常利用一些简单的对比句式和排比句式，以此使句子更加生动有趣。

小刘：哦，原来如此，我平时写文章里面也是这么做的。

华姐：对于公文而言，除了思路清晰和行文严谨外，公文表述还必须符合法律和规定。这能确保文案中没有歧义或不当表述，我们来看看你都错在哪几个方面。

（1）你的报告中使用了大量口语化的表述，如"各位大佬"。这些表述不符合公文的规范，也影响了报告的严肃性。建议使用正式的、规范的语言，使得报告更具严谨性和说服力。

（2）报告在开头没有写明报告的主题和目的，在结尾处也没有进行回顾总结。建议在开头部分明确写出报告的主题和目的，这样使读者能够快速了解报告的内容和方向；在结尾部分添加适当的总结，以便读者可以更好地理解报告的重要信息和结论。

（3）报告内容太简单，只有500字左右，无法全面地展示部门的工作情况和未来计划，也无法提供足够的数据支持。你需要增加更多的细节和数据，使得报告更加具体、可信和有说服力。

（4）报告中缺乏有效的沟通和协作机制，这也影响了部门的工作积极性和效率。

需要在报告中添加关于沟通和协作机制的建议，以便部门可以更好地协作，从而提高工作效率和质量。

（5）报告中没有提到员工培训和学习机会，这不利于员工的专业知识和技能水平的提高。可以添加员工培训和学习机会的相关建议，以便员工可以更好地发挥自己的能力和潜力，从而更好地推动部门的工作进展和发展。

华姐：总之，你要结合每种公文的具体特点来撰写公文，而不是盲目动笔。总的来说公文的特点可以分为三大类：一是具有法定效力；二是具有法定格式；三是具有特定的写作格式。了解公文的特点，对于我们起草、撰写公文、贯彻执行公文都具有重要意义。

1. 公文具有法定效力

法律效力是指法律本身具有的约束力。公文一经形成，就具有了法律上规定的约束力，任何单位和个人都必须遵守。

（1）公文的发布、传阅、办理和使用，必须遵守法定的程序，服从法定的格式要求。

（2）公文内容涉及法律法规和其他规范性文件，必须遵守其内容的要求。任何机关和单位都不得超越职权范围和违反其制定程序，不得超越公文发布权限范围发布公文。

（3）公文的内容要明确具体，符合社会主义道德规范，具有可操作性，具有可执行性。

（4）公文要按照规定的格式撰写。对一些特殊情况的公文，如联合行文、印发发文、紧急公文等，可根据实际情况灵活掌握。

（5）公文处理必须遵守有关法律法规和有关规定。我国政府机关、人民团体和企事业单位依照法律法规和国家规定处理公务活动，必须依照法定程序进行。

（6）公文必须依法及时处理，保证在时限内完成。对一些重要的公文，特别是涉及重大事项、重大决策的重要公文，必须及时办理并保证办理质量。

从公文的实际运用中来看，公文的法律效力主要表现在两个方面。

（1）公文具有直接的约束力。政府机关、企事业单位和其他社会组织，都必须按照规定的格式和要求，将公文制作成法定格式的文书，才能在国家行政机关或企事业单位进行公务活动。公文一经形成，就具有了强制执行、遵守和服从的效力。

（2）公文具有特定的约束力。只有这样，才能保证公文具有强制执行和遵守的效力。

2. 公文具有法定格式

公文的法定格式是指公文在国家法律法规和党的方针政策中有明文规定的格

式。我国现行公文格式,是在《党政机关公文处理工作条例》(以下简称《条例》)、《国家行政机关公文格式》(以下简称《格式》)、《党政机关公文格式实施细则》(以下简称《细则》)、《处理办法》(以下简称《办法》)、《党政机关公文格式》国家标准(GB/T 9704—2012),以及在国家有关部门颁布的有关规定基础上,经反复研究、讨论而制定的规定。这些规定构成了我国现行公文格式的基本框架和规范体系。

3. 公文具有特定的写作格式

公文具有特定的写作格式,这是由公文的性质决定的。公文是处理公务活动的工具,其本质是一种工作文书,因此它的格式必须符合这种工作文书的特点。

一般来说,公文有标题、主送机关、正文、发文机关署名和成文日期。标题是公文的第一要素,它用来揭示公文的主题;正文是公文的主体,它用来表述公文内容;发文机关署名和成文日期一般写在标题下面。

在不同类型、不同级别、不同内容、不同性质、不同用途的公文中,又有各自不同的写作格式要求。虽然写作格式没有统一规定,但是有两个基本原则:一是行文必须符合党和国家的方针、政策和法律、法规;二是行文必须符合国家行政管理工作规则。如果违反了这两个原则,就不能成为一份正式文件。所以说,公文具有特定格式,必须严格按照一定规定来写。

 改后材料

××领导:

现将本部门工作情况及未来计划报告如下,以供参考。本报告旨在汇报本部门的工作情况,提出问题和建议,并为未来制定项目计划和目标。具体如下。

一、工作情况

本部门的工作涉及多个项目,每个项目都有不同的工作计划和目标。我们一直在努力提高工作效率和减少时间成本,确保在合理的时间内完成所有任务。我们在过去几个月内已经完成了以下工作。

(1)完成了ABC项目的初步调研和数据收集。

(2)参与了DEF项目的进度跟踪和交流会议。

(3)提供了GHI项目的支持和协助。

二、问题和建议

尽管我们已经在工作中取得了一定的成绩,但我们也面临着许多问题和挑战。以下是我们目前面临的主要问题。

（1）缺乏有效的沟通和协作机制。

（2）工作内容较为单一，缺乏创新性和发展性。

（3）部分员工的工作积极性不高。

针对这些问题，我们提出以下建议。

（1）建立有效的沟通和协作机制，提高部门协作效率。

（2）探索新的工作内容和项目，提高员工的工作满意度和积极性。

（3）多给予员工培训和学习机会，提高员工的专业知识和技能水平。

三、未来计划和目标

我们计划在未来的半年内完成以下目标。

（1）完成 ABC 项目的调研和数据分析，为下一步工作打下基础。

（2）探索新的项目机会，提高部门的工作创新性和发展性。

（3）加强员工培训，提高员工的专业知识和技能水平。

感谢领导的支持和关注，我们将继续努力，为公司的发展贡献力量。

×××部门

××××年××月××日

在这份报告中，小刘遵循了公文的规范，使用了严谨的用词和格式，使得报告规范、严谨和可读。报告的结构清晰，开头明确了报告的主题和目的，各个部分之间也有明显的衔接和过渡。报告内容充实且具体，提供了足够的数据支持和详细的工作情况和计划。小刘还针对部门的问题提出了合理的建议和解决方案，为领导提供了有价值的参考。

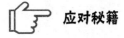 **应对秘籍**

要想行文不出错，就要认真掌握公文的特点，总的来说，公文具有以下几个特点。

（1）具有规范性和权威性，反映政府机构的工作成果、执行意图和态度。

（2）有明确的主题和论述，体现出公文的语言逻辑性和条理性。

（3）职能性，需要准确、清晰地表达出政府机构的行政目的和工作计划，便于实施和管理。

（4）隐私性强，内容以机密性和保密性为主，在言辞上体现严肃、权威和保密的氛围。

（5）总体高度机构化，往往与政治和法律有密切的联系。

（6）对审核把关有严格的要求，流程复杂，需要不同部门或层次审批。

1.2.2　公文的作用

公文是组织内外部沟通的重要工具，它的作用不仅仅停留在简单地传达信息上，更涵盖了有效管理、决策支持、制度建设等多个方面。面对烦琐而复杂的公文，很多人都会感到困惑和无所适从。今天，我们就来聊聊公文的作用及撰写公文的技巧，帮助你掌握正确的公文写作方法。

 场景重现

小刘最近有些苦恼，入职半年多，公文写了不少，可过关的却很少。实际上，尽管小刘写公文时间也不短了，但说真的，他目前连公文的基本作用都不知道，写出的公文不是文种不对，就是行文对象搞混了，也难怪总被领导批评。

下面就是小刘写的错误公文。

致：××公司总经理

标题：关于部门升级的建议

内容：经过深思熟虑，我认为我们的部门有必要进行升级，以更好地适应市场需求。建议将研发部门升级为独立的子公司，更好地发挥其技术优势，以保持我们在行业内的领先地位。

此致　敬礼！

我们看看小刘的公文里存在哪些问题：

首先，文中出现了错误的格式。公文是有着独特规范的格式要求的，包括抬头、主体、落款等，这些都需要严格遵守，并且需根据不同的公文类型作出相应的调整。

其次，公文的内容必须严谨、准确，不能草率马虎。小刘写出的公文内容涉及公司的重大调整，需要经过认真的评估、沟通和讨论，不能凭空想象或片面主张。

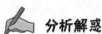 **分析解惑**

为了改正公文写作上的不足，小刘向华姐寻求指导，希望学习正确的公文撰写技巧。

小刘：华姐，我最近写的公文又被领导批评了，我想深入请教一下该怎么写一份规范的公文呢？

华姐：小刘，公文的作用在于组织内外交流和联系，并对组织的管理和决策起到重要作用，因此公文的撰写要格外慎重。要想写出规范的公文，首先要准确理解公文的作用。

华姐：公文具有以下几个方面的作用。

1. 传达指令作用

公文是国家行政机关及企事业单位各部门之间用于相互联系、协调以及传递执行具体工作任务指令的重要工具，具有传达指令的作用。

（1）公文的内容直接指向执行性。即公文的内容是传达国家或上级机关或本部门对某项工作任务的具体要求。

（2）公文具有明确性。公文所涉及的内容都是明确而具体的，不允许有含糊不清、模棱两可或模糊不清的事项。

（3）公文具有约束力。国家行政机关及企事业单位的工作人员，只有严格按照公文中规定的要求去做，才能保证上级机关或本部门下达的任务和指示得以顺利执行。

2. 指导作用

公文是行政管理工作中的一种书面语言，它用来指示、规范、指导各级各类领导机关和下级各单位的工作。公文内容一般都比较规范和具体，具有很强的可操作性和指导性。主要表现在以下两个方面。

（1）用于指示。公文主要是用于向下级进行指示，主要作用在于指导工作，也就是文件中的"要求"部分。在各类文件中，指示性的公文占了相当大的比例。

例如，中国共产党中央委员会（以下简称中共中央）、国务院在转发中共中央、国务院关于控制我国人口数量和提高人口质量的决定的通知时，就明确要求："各地区、各部门要广泛深入地开展人口宣传教育活动，把控制人口增长作为一项重要任务来抓，切实加强领导，采取有效措施，努力把我国人口增长控制在合理规模之内。"（《中共中央、国务院关于加强和改进计划生育工作的决定》，以下简称《决定》）在上述《决定》中，还要求各级党委"切实加强领导""采取有力措施"。

（2）用于指导。所谓用于指导，就是指公文具有能够指导工作的作用。

公文用于指导，就是要求被指导机关和单位在工作中贯彻执行党和国家的路线、方针、政策，在处理问题时要按照上级机关和同级机关的指示精神去办理。这就需要充分地了解情况，掌握政策，关键是要深入地了解实际情况，才能掌握政策。所以说，公文用于指导就是指通过对具体情况的调查研究和了解，为上级机关和同级机关的工作决策提供可靠的依据。

3. 规范作用

公文通过特定的格式，采用特定的文字来表达和交流思想，指导和规范人们的行为。它具有权威性、规范性、稳定性、强制性和传承性等特点。公文的规范作用体现在其对行为的指导和标准化。通过遵循一定的格式和使用精确的语言，公文传达政策、法律或行政机关的决策，确保信息的权威性和一致性。这些文档不仅具有法律效力，而且在很大程度上保持了一贯性，并对接收者具有一定的强制力。

公文的稳定性和传承性保证了党和国家的路线、方针、政策可以被准确理解和严格执行，这对于维护国家机关的正常运作至关重要。公文作为权威的沟通媒介，帮助处理国家事务和社会事务，协调不同利益相关方之间的关系，促进决策的实施和政府职能的发挥。因此，公文是国家治理和社会管理中不可或缺的规范工具。

小刘：原来公文的作用这么重要，难怪领导对公文写作审核这么严，写错公文会给领导和单位带来很多麻烦，我以后一定严格要求自己，准确掌握公文格式要求。

华姐：现在重新修改一下你的公文，务必行文规范，用词准确严谨。

 改后材料

接受了华姐的指导，小刘重新撰写了一份规范的公文。这次他非常仔细，认真地考虑了每一个公文格式和内容的要点，并且以公司拟定规章制度的形式，准确传达信息，公文如下。

标题：××公司关于制定新的考核制度的通知

致：全体员工

内容：为了更好地激发员工的积极性和创造力，公司决定制定全新的考核制度。具体制度内容将以公司另行通知的方式公布，并于近期开始试行。所有员工需要密切关注并支持公司的制度改革，共同为公司发展贡献力量。（略）

此致 敬礼（可省略）

落款：×××

日期：××××年××月××日

小刘写出的这份正式公文，切实反映了公文真正的作用和重要性。公文应该严格按照规范来撰写，并要准确传达信息，这样才能保证公文的价值和正确性。

 **应对秘籍**

为了让大家更好地掌握公文的撰写技巧，从华姐的经验中总结了以下5条要点。

（1）熟悉公文的格式和规范。公文的格式和规范不仅关乎形式美观，而且涉及信息的传递和权威性。因此，每个真正想要用公文表达想法的人，都应该认真学习这些规律。

（2）确认公文类型和目的。写公文之前，需要首先确定写的是哪类公文，以及这份公文的目的。这样才能保证在公文的内容、语言和格式上有的放矢。

（3）科学制定公文的结构和框架。在撰写公文时，需要根据公文的类型和内容特点，科学规划公文的结构和框架，避免冗长。

（4）用明确精练的语言进行表达。公文的语言要求严谨、准确、简洁、明了，尤其是涉及重要信息的传达和拟定具体方案时，更需要遵守精练表达的原则。

（5）注意公文传达的时机和方式。公文的传递和落实不仅仅需要表面上的制定和发送，更需要在实际工作中跟踪、检查和评估，避免因为时间、人员、情况等方面因素而出现失误或失效。

第 2 章

公文写作是必备技能

2.1 公文写作的要素

公文写作要素主要包括以下 3 个方面。

第一，格式设置有规则。要注意页边距、字号、行距、标题设置、附件编号等方面。格式设置不规范不仅会影响公文的整体形象，还直接影响公文的受信任程度。

第二，内容语言要严谨。公文在传递信息、表达意思方面决不能马虎。公文的语言要严谨、简洁，表达的意思要准确清晰，让读者能够理解、接受、执行。

第三，标点符号的使用必须严格规范。不恰当的标点符号使用会导致读者产生误解，从而影响公文的清晰度和信息传达的精确性。在撰写公文时，务必遵守标点符号的使用规则，以确保文意表达准确，保持公文的正式性和专业性。

2.1.1 格式设置有规则

公文格式是指公文的书写形式，即在特定的空间位置，用特定的符号来标注出公文的名称、文种、编号、字体、字号、行距、页码等内容。它是公文的外部表现形式，也是公文写作中的一个重要部分。下面我们结合日常工作实际谈一谈公文格式的设置问题。

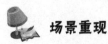 场景重现

小刘是一家科技公司的行政助理，日常工作中经常需要处理公文。这天，他接到李总的指示，要求他写一份开会通知。

小刘没有和李总详细沟通相关内容要求，就按照自己的理解和想法开始书写，结果这份通知被原封不动地退了回来。上面几个显著的红字批示："格式混乱，开头不对，重新写。"

小刘非常沮丧，不知道该怎么才能正确书写公文。

 **分析解惑**

小刘：华姐，我以前没怎么写过公文，写的公文老出错，为此挨了好几次批评。

华姐：哦？请问你写的公文是什么样子的？

小刘：我觉得我按照自己的理解写得挺好的，可我的领导总能在我写的公文中找出很多问题。

华姐：那你能不能举个例子，让我看看你写的公文到底哪里出了问题？

小刘：前天，李总让我写一封开会通知，领导说开头不规范，内容也不清晰。

华姐：嗯，那你能不能把这份公文给我看看？

小刘交给了华姐那份通知公文。

华姐：小刘，你这封公文的首段开头有点问题。你应该写：尊敬的各位领导、各位同事……

小刘：哦，尊敬的各位领导、各位同事……

华姐：另外，你的内容写得过于简略，建议你在会议的主题、时间、地点、参会人员等方面再加上更详尽的介绍。你写不好通知，主要是因为对公文格式各要素设置不熟悉。

公文格式的基本内容包括：版记、发文字号、签发人、标题、主送机关、正文、附件说明、发文机关署名和成文日期等。

《条例》适用于党政机关的公文处理工作，而公文的版式则按照《党政机关公文格式》国家标准执行。因此，对党政机关的公文格式要从这两个方面加以规范。

1. 版记

版记，是指公文的版心及有关文面要素，它是公文格式的重要组成部分。根据国家标准规定，公文的版记一般由标题、发文机关名称、发文字号、签发人、成文日期、印章（公章）和附注等部分组成。

标题：应清晰反映公文的主题，置于文档的最显著位置，通常是版心的最上方。

发文机关名称：指明公文的发起机构，位于标题下方。

发文字号：是公文的编号，由发文机关的代号、文种代码和编号组成。

签发人：公文的负责人或者审批人的签名或者印章，位置一般在文档的结尾处。

成文日期：按照"年月日"的顺序编排，表明公文制定的时间。

印章（公章）：用以证明公文正式性和权威性的印章，一般置于签发人签名旁或者文档的结尾。

附注：提供对公文内容的额外说明或补充信息，根据需要添加，位置可灵活安排，但通常位于文档的结尾部分。

2. 发文字号

编制发文字号的原则：发文字号，包括机关代字、年份、序号。联合发文，只标明主办机关的发文字号。其具体要求如下。

（1）发文字号三个构成要素的排列，应首先是机关代字，其次是年份（书写时两面加六角括号），最后是发文顺序号，序号不编虚位（即1不编为001，不加"第"字）。

（2）党政机关的发文字号以分开为宜。

（3）机关代字中应明确发文的含义，如"中发""国发""中办发""津党发""津塘党发"等。

（4）几个单位联合行文时，不应一文多号，而只标主办机关的发文字号。

（5）在同一地区，当有些机关发文字号的机关代字容易造成重复时（如某县的政府、政协、政法委三机关的代字都会编成"×政发"），力求避免。

（6）在机关代字中，要不要注明承办部门的代字，可视具体情况而定。例如，大的单位可考虑这样做，一般的中、小单位则不必要。

（7）发文字号的标注位置，应以置于发文机关标志下空二行位置为宜。

（8）上行文的发文字号居左空一字编排，与最后一个签发人姓名处在同一行。

3. 签发人

签发人是对公文进行审核和签发的授权人员，他们负责确保公文内容符合相关条例和国家标准。签发人通常包括以下几个方面内容。

（1）法定代表人：指被授权代表机关或组织行使职权的官员或领导。

（2）标注要求：在大多数情况下，公文上应当明确标注签发人的姓名，以证明内容的审核和批准。

（3）特殊情况：一些特殊情况下，可能不需要标注签发人。例如，如果有法定代表人但单位没有发文字号，或者法定代表人不在职，或者其他一些特殊情况，根据具体的条例和规定，可以不标注签发人。

注意：签发文件人应写上自己的姓名，不能只写姓而不写名，并应注明签发的时间，以示负责，便于查考。被主要负责同志授权代行签发的文件，应在签发人姓名右侧注明"代"字。

4. 标题

公文标题一般由发文机关、事由、文种名称三部分构成，但也有企业内部制发的公文，其标题只包含事由和文种。发文机关名称用全称或标准简称，在发文机关与事由之间加介词"关于"，在事由与文种名称之间加一个助动词"的"。公文标题通常是由一个偏正词组构成，以文种名称为中心词，前面加发文机关名称和事由作为限制成分。

比如，《中共中央、国务院关于当前经济形势和加强宏观调控的意见》就属于"发文机关名称+事由+文种"的标题形式；《关于撤销××车间丙班班组党支部的请示》就属于"发文事由+文种"的标题形式。

5. 主送机关

公文的主送机关是公文的主要阅知和处理机关。按照《条例》的规定，主送机关应当使用全称或者规范化简称、特定称谓和发文机关署名。这是因为，主送机关是指行文的直接对象，其作用主要在于让阅读者了解发文机关的意图。公文是有一定格式要求的，主送机关应写全写准确，以利于对文件进行审阅、办理和处理。当不能确定是否有必要将公文转给下级或转报其他机关时，可将其确定为主送机关，并在最后一个主送单位之后用"等"字隔开。如无必要，一般不将主送机关再写为"其他""等"等。

6. 附件说明

附件是指与正文内容相关联且需要随正文一同提供的文件。附件的标注分为两类：一类是应在正文中提及的附件文件；另一类是在正文结束后需列出的附件名称。格式上，应将"附件"二字放置于公文首页底部，与版本记录上方的空行居中对齐；随后，具体的"附件名称"也应同样放置于公文首页底部，与版本记录上方的空行居中对齐。

（1）附件说明中的"附件"二字均为公文标题下半部的词语或短语。

（2）"附件"二字可以写在"附件名称"后、"附件说明"之前。

（3）附件名称一般有3种排列方式：一是以附件名称首字为标题；二是以原文件名称首字为标题；三是以原文件与本次所发文件为标题。

（4）对正文中需要在正文中标注的有关内容，如某些图表、照片等，应在附注部分进行说明。

（5）正文中的有关数据、日期等应使用阿拉伯数字。

（6）当不能全部列出时，可使用"详尽如下表"等形式加以说明。

（7）凡有附件的公文，应将该附件放在正文中。

 改后材料

关于召开××事宜的会议通知

尊敬的各位领导、各位同事：

应公司上级领导的要求，我公司将于××年××月××日×时在×地×举行×工作会议。故希望各位领导尽早参加，以免耽误会议进程。

会议的主要议程：

1.（略）

2.（略）

参会人员：×××××××；

会议地点：×××××；

会议时间：×××××；

希望大家务必按时参加！

××××年××月××日

×××公司办公室

 **应对秘籍**

关于公文格式的设置有以下 7 条要点需要牢记。

（1）版记元素：包括标题、发文机关名称、发文字号、签发人、成文日期、印章等，应按规定的顺序和格式明确列出。

（2）页眉和页脚：页眉通常包含文件的标题或发文机关，页脚则包含页码。它们应当统一且遵循机构的格式规定。

（3）标题格式：标题应精确地反映公文的核心内容，使用突出的字体和大小，并位于文档的显著位置。

（4）正文格式：正文应使用规定的字体和字号，首行缩进，并确保段落结构清晰、层次分明。

（5）落款：包括签发人的签名或盖章，以及成文日期。落款证明公文的正式性和权威性。

（6）附件说明：如存在附件，应在文档末尾指出，清晰列明附件的数量和内容。

（7）文种和文号：公文应根据其性质被正确分类，并赋予唯一的文号，以便跟踪和检索。

2.1.2　内容语言要严谨

党政机关公文不像其他文学作品那样需要较高的创造力，其关键在于必须掌握公文写作对语言的基本要求，这是写好党政机关公文的前提和基础。总体来看，公文写作的语言要求可以用以下几个词语概括，即"规范""准确""简练""明白""平实"。

场景重现

华姐：最近你写的公文有什么问题吗？我看见领导批评你了。

小刘：是的，我写了一份公文，但是领导说我的语言不规范，容易让人产生歧义。

华姐：那你有没有看出自己的问题在哪里？

小刘：我发现我用了一些口语化的表达方式，还有简化了一些词汇。

华姐：这些确实会影响公文的准确性。我给你举个例子吧。比如，你写了一句"该项目不符合我们的政策规定"。读者可能会理解为该项目完全不符合政策，但其实你的意思是该项目的一些细节与政策不符。

小刘：对，我确实有过这样的表述。那我应该怎么改进呢？

华姐：首先，要遵循公文写作规范，使用正式、严谨的语言。其次，要认真检查每一个词语和短语，确保它们的含义明确，不会产生歧义。最后，要多读一些公文范文，学习别人的写作技巧。

小刘：好的，我会试试的。

小刘按照华姐的建议修改了公文，但领导还是认为语言不够严谨。

领导：小刘，你这份公文语言很严谨，表述也很清晰。不错不错。

小刘：谢谢领导。

领导：不过，还有一个小问题。你看，这里有一个词语用错了。

小刘：啊？是哪一个词语？我检查了好几遍，应该是没有问题的。

领导：你看，这里有一句话："该项目契合我们的政策规定"，你用了"契合"，应该用"符合"。这两个词虽然看起来差不多，但是意思不同，"符合"表示完全符合规定，而"契合"表示部分符合规定。

 **分析解惑**

小刘：华姐，我按照你的建议修改了公文，但领导还是认为语言不够严谨。

华姐：那你有没有看看是否遵循了公文写作的标准呢？比如，公文格式、标点符号等。

小刘：是的，我检查过了，这些都符合标准。但是，还有一些词语和短语我没有掌握好。

华姐：那我们再来看看这些地方。比如，你写了一句"该项目将有助于提高效率"。但是，"提高效率"这个词组可以指很多不同的情况，读者可能会理解为对他们有利的方面，但其实你的意思是该项目可能会导致效率提高，但不一定对他们有利。

小刘：哦，我明白了。我会注意这些方面的表述。

华姐：在公文中一定要注意内容、语言的严谨性，可从以下 3 个方面考虑。

使用准确的词语和术语：选择恰当的词语和术语，确保表达准确。避免使用模糊、含糊不清或具有多义的词语，以免引起歧义或误解。

简洁明了的表达：避免冗长和啰嗦的句子，尽量使用简洁明了的语言表达。使用简单的句子结构和清晰的逻辑关系，让读者能够迅速理解文意。

逻辑严密的论述：在公文中，论述要有严密的逻辑关系，遵循因果关系、时间顺序或者其他合理的逻辑结构。确保各个段落和句子之间的衔接流畅，避免出现矛盾或者不连贯的情况。

 改后材料

以下是小刘经过华姐指导后修改的两篇公文案例。

案例 1：关于新员工招聘的通知

正文：为了提高公司的核心竞争力，我们决定针对本公司市场需求，扩大人才招聘范围，寻找具有较强学习能力和创造力的新员工。

所有招聘岗位均要求应聘者具有本科以上学历，并且应聘者的专业应该与所招聘的职位相对应。

问题：第二段中"所有招聘岗位均要求应聘者具有本科以上学历，并且应聘者的专业应该与所招聘的职位相对应"，此处使用了"应聘者"的重复，不够简洁明了。

纠正：所有招聘岗位均要求具有本科以上学历，并且专业须与所招聘的职位相对应。

案例 2：关于员工奖励的通知

正文：为了表彰员工辛勤工作和卓越贡献，公司决定对全公司员工进行一次性绩效奖励，对于表现突出的员工，公司将另行发放一份特别绩效奖励。

公司将根据员工的绩效情况、工作态度和工作成果进行评估，绩效优秀的员工将获得绩效奖励。

问题：第一段中"绩效奖励"和第二段中"特别奖励"使用了不同的词语，造成了混淆和不明确。

纠正：为了表彰员工辛勤工作和卓越贡献，公司决定对全公司员工进行一次性奖励，对于表现突出的员工，公司将另行发放一份特别奖励。

公司将根据员工的绩效情况、工作态度和工作成果进行评估，绩效优秀的员工将获得特别奖励。

应对秘籍

（1）语言准确。公文中的词语要准确无误，不能含糊其词。例如，使用错别字、措辞不当等，会导致误解和严重后果。比如，一个错别字可能会让人误解"发票"为"罚单"，影响工作效率。

（2）语言简练。在公文写作中，我们需要注意措辞简明，语言简练。不要用成语、俗语等多余的词语。比如，用"例如"代替"譬如"，这样语言就更简练、清晰。

（3）语言平实。公文语言应该平实大众化，不要过于烦琐、华丽。这样可以增强读者的理解能力，并且也是一种尊重读者的表现。

（4）语言条理性。公文应该遵循条理清晰的原则，使读者能够很快地找到自己需要的信息。因此，需要采用逻辑清晰、层次分明、内容有机贯通的写作模式。

2.1.3　标点符号不能乱

公文作为一种正式文体，标点符号的使用是营造文章意境的重要一环，因此不得随意乱用。在公文中，句号、问号和感叹号都要使用得当。句子结尾应以句号为主，疑问句使用问号，叹词句使用感叹号，绝不能等同使用或混淆。在使用引号、括号、破折号等其他标点符号时需要看情况，灵活运用。

场景重现

这天小刘拿着一份公文，一脸懊恼地走进华姐的办公室。

小刘：华姐，我被领导批评了。

华姐：怎么了？

小刘：我犯了一个很低级的错误，公文里的标点符号使用不正确。

华姐：哦，是什么样的错误呢？

小刘：我这次在公文中用错了标点符号，结果导致整个文意都变得模糊不清了。领导提醒过我，准确地使用标点是公文写作最基本要求，可我还是失误了。

华姐：别担心，公文标点符号的使用确实比较复杂。我们来一起分析一下你的错误。

小刘：你看，我在这里用了逗号，应该是顿号啊。

华姐：是的，这里的标点符号确实用错了。但是，你别太自责了，很多人都会在这个问题上犯错。下面我跟你分享一些我积累的标点符号使用秘籍。

 **分析解惑**

华姐：一般情况下，公文中标点符号的使用要遵循"少用为妙"的原则，符合表达简明、清晰的要求。首先，公文中的标点符号要使用标准的中文标点符号，不能随意更改或省略。其次，公文里需要用到很多标点符号，如顿号、分号、句号，等等。这些符号的使用要根据不同的情况来决定。

小刘：比如呢？

华姐：比如说，如果你在列举事项时，每个事项之间需要加顿号，如果你要表达两个句子之间的关系，就需要使用分号。

小刘：哦，原来是这样啊。

华姐：另外，逗号也是常见的标点符号，但是使用时需要注意不能随意添加，要根据语法和句子结构来决定。

小刘：好的，我明白了。谢谢您的回答。

 改后材料

以下是公文中标点符号使用错误案例及修改后的正确文章。

案例1：正式公文中句号、逗号使用错误

错误：各位领导：请尽快审核此项目申请，谢谢

正确：各位领导：请尽快审核此项目申请，谢谢。

错误案例中没有在句末加上句号，表达不够完整，不符合公文规范。正确方式应该在结尾处加上句号，突出正式、庄重的公文表达方式。

案例2：正式公文中冒号使用错误

错误：本机构计划举办庆祝活动：年度大会议，欢迎各位参加。

正确：本机构计划举办庆祝活动——年度大会议，欢迎各位参加。

错误案例中使用冒号不当，应该用省略号或破折号来表达。

案例3：正式公文中句子太长

错误：各位领导：敬爱的领导，我表示很荣幸地邀请您参加我们公司的庆祝活动，此次活动我们将重点呈现我们团队过去一年的多项成就，我们通过全面提升我们自己的专业技能，优化我们的经营管理，加强了我们与客户之间的合作关系，我们的团队也迎来了新的成员和新的挑战，该活动具有非常重要的意义，也是我公司迈向更大的发展的标志性活动之一。

正确：各位领导：我公司计划举办庆祝活动，重点呈现我们团队过去一年的多项成就。此次活动具有非常重要的意义，也是我公司迈向更大发展的标志性活动

之一。

错误案例中的句子过长，使读者感到烦琐。正确的案例中将句子适度缩短并分段，突出主题，使读者更容易理解。

 **应对秘籍**

标点符号在公文中起至关重要的作用，它们不仅帮助划分句子和段落，明确信息和界限，还能调节句子节奏和语调，从而确保文意的严谨性和逻辑的连贯性，避免误解或混淆。

1. 句号的使用

（1）句号"。"用在一个句子的结尾，表示停顿或结束。在公文中，句号应当正确使用，不能误用。

（2）句号不能出现在标题、题目、表格和公式等位置。

（3）句子结尾如果是省略号"……"，则不需要使用句号，省略号可表示省略、悬念或思考。

比如：

a. 原则性问题，必须严格把握。

b. 摆脱贫困，迎来更加美好的明天……

2. 逗号的使用

（1）逗号"，"用于隔开不同的词语、短语、分句等，表示轻微的停顿，起到分隔和连贯的作用。

（2）公文中，逗号应当准确使用，不能误用或滥用。

比如：

a. 请各部门准备好相关材料，并提前 10 分钟到场。

b. 开课 3 个月以来，学生们的学习效果明显提高了，考试成绩也有了很大的进步。

3. 顿号的使用

（1）顿号"、"一般用于列举事物或强调同一层次的词语、名词或动词。

（2）在公文中，顿号应当正确使用，避免滥用。

比如：

a. 我国目前已经拥有了核电、风电、太阳能等多种清洁能源。

b. 金牛区、成华区、锦江区三地公安机关联合开展了治安集中整治行动。

4. 叹号、问号的使用

（1）叹号"！"用于表达感叹、惊讶、疑问等情感，在公文中使用较少。

（2）问号"？"用于表示疑问，在公文中应当谨慎使用，通常只出现在疑问句和疑问语气词中。

比如：

a. 哇！这样的好消息出人意料。

b. 什么？你不知道这个消息？

5. 冒号、分号的使用

（1）冒号"："用于分隔两个意义相关但又不同的部分，在公文中常用于引出下文内容或解释上文。

（2）分号"；"则用于分隔两个意义相关而且完整的句子，在公文中可用于连接两个独立而又具有联系的内容。

比如：

a. 2019 年 5 月 1 日：艾芬达公司举办庆祝建厂 50 周年活动。

b. 此项活动有助于展现公司的形象和增强团队凝聚力；也能激励员工继续努力工作。

6. 括号的使用

（1）括号"（ ）"用于注释、补充说明、举例说明、添加情况说明等，在公文中括号内容常用于对主要内容的补充或说明。

（2）在公文中，不能滥用括号。

比如：

a. 在基层医疗卫生机构（如村卫生室、社区卫生服务中心）的认定和管理中存在不少问题，需要加以解决。

b. 有关部门开展了多项改革（如农村综合改革、户籍制度改革等），大力推动了城乡发展。

2.2　公文写作的结构

公文结构是指文章各部分之间的排列顺序和逻辑关系，它决定了信息的呈现方式和阅读的流畅性。公文写作是一项很严谨的工作，尤其是在公文结构的安排上，要力求做到既符合逻辑，又有鲜明的个性。公文的结构是文章的骨架，只有结构合理，才能使公文的内容更充实、更准确、更丰富。

2.2.1　好的框架在哪里

一篇好的公文，必须有合理的结构布局。合理的结构布局能够确保信息的逻辑性和层次性，方便阅读者快速把握主旨，清晰理解各个部分的内容和相互关系。

 场景重现

小刘接到李总指示，撰写一篇有关加强安全生产的通知，发文主体为政府机构。下面是小刘撰写好的"通知"。

通　　知

各区、各部门：

为了加强安全生产工作，提高全市人民的安全意识，特发出以下通知。

一、背景和意义

安全生产是人民生命财产安全的重要保障。近年来，我市发生了一系列安全事故，给人民生命财产带来了巨大损失。因此，我们要加强安全生产工作，提高全市人民的安全意识，落实好各项安全措施。

二、具体措施

为了达到上述目的，各区、各部门应当采取以下措施：

（1）加强对企业、工地等单位的安全检查，发现问题及时处理；

（2）加强对人员的安全教育，提高其安全意识；

（3）加强对危险品的管理和监管，防止危险品泄漏等事故的发生。

以上是本通知要求各区、各部门要采取的具体措施，希望大家认真落实。

三、总结

在全市人民的共同努力下，相信我们一定能够达到加强安全生产工作，提高全市人民的安全意识的目标。

李总看了小刘写的"通知"后直摇头：你这篇文章最基本的结构都不对，这样松散的文章，让人都不知道重点在哪，拿回去好好修改。

 分析解惑

小刘：华姐，我最近写了篇通知，结构安排有问题，您帮我看看如何改正？

华姐：（看完小刘写的公文）你这篇通知的结构存在 3 个问题。

（1）段落之间缺乏逻辑关联，缺乏过渡句，导致文章结构混乱。

（2）具体措施的列举没有与背景和意义的介绍相衔接，导致措施的意义不明确。

（3）文章结尾没有总结，缺乏点睛之笔，让文章显得没有亮点。

小刘：那怎么改正呢？

华姐：我们可以按照背景和意义、具体措施、总结 3 部分来排列文章，这样可以使文章结构更加清晰，逻辑更加紧密；在具体措施的介绍上加上过渡句，使得措施的意义更加明确；在结尾部分增加总结，点明文章的中心思想，让文章更加完整。比如，可以参考这样的公文结构。

标题：关于加强安全生产工作的通知

一、背景和意义

二、具体措施

1. 对企业、工地等单位的安全检查

2. 对有关人员的安全教育

3. 加强对危险品的管理和监管

三、总结

这样的结构安排可以使文章结构更加清晰，逻辑更加紧密，让读者更容易理解和接受文章内容。

小刘：明白了，谢谢您的指导。

华姐：另外，你的内容写得过于简略，建议你在会议的主题、时间、地点、参会人员等方面再加上更详尽的介绍。

 改后材料

××关于加强安全生产工作的通知

各区、各部门：

为了强化安全生产工作，提高全市人民的安全意识，特发出以下通知。

一、背景和意义

近年来，我市发生了一系列安全事故，给人民生命财产带来了巨大损失，为了提高全市人民的安全意识，落实好各项安全措施，我们特发出以下通知。

二、具体措施

为了达到上述目的，各区、各部门应当采取以下措施：

（1）加强对企业、工地等单位的安全检查，及时发现和处理安全隐患。

（2）加强对人员的安全教育，提高他们的安全意识和自我保护能力。

（3）加强对危险品的管理和监管，严格遵守相关法律法规，防止危险品泄漏等事故的发生。

以上是本通知要求各区、各部门采取的具体措施，希望大家认真落实。

三、总结

加强安全生产工作，提高全市人民的安全意识，是我们义不容辞的责任。在全市人民的共同努力下，相信我们一定能够达到这一目标。

××××年××月××日

×××办公室

 **应对秘籍**

从形式上说，公文都有一定的格式，从内容上说，文章有其固定的结构。结构有其特定的特点，也有其自身的规律。

1. 开头

公文的开头部分要有一语惊人、一声呐喊、一声惊雷的效果。公文的开头一般有以下几种方式。

（1）开门见山，直接说明行文目的。例如：《××省人民政府关于公布××市禁止燃放烟花爆竹的通告》，开篇就明确了行文目的，直接点出了主题。

（2）引出下文，提出问题或说明问题的重要性。

（3）提出问题，引起重视。

（4）揭示主旨，点明主题。

2. 主体

公文的主体就是文章的核心部分，它包括 3 个方面。

（1）引言。一般是对公文的写作目的、意义、背景、原因等作出说明，引出主题。

（2）正文。正文也就是公文的主体部分，它根据需要对所要论述的问题、表达的思想和提出的措施作出回答。

（3）结束语。结束语是公文主体的结尾部分，用于总结、呼应或概括公文的核心内容。结束语通常包括总结性陈述、感谢、期望或指示等，以强调公文的重要性和要求。结束语还可以为后续行动提供指引，并在需要的情况下，提供联系方式或其他相关信息。

3. 结尾

公文结尾有两种情况：一种是结尾提出问题，作出回答，或表明立场和态度；另一种是用来结束全文。

在实际写作中，为了突出重点，要善于安排好正文部分与结尾部分的关系。一般来说，公文正文部分在结构上要注意前后呼应、相互照应、整体连贯等关系；而结尾部分则要注意从内容上看是否简洁、有力、有说服力，是否能达到"画龙点睛"的作用等。

公文结尾的写法，不同于其他文体的结尾，但也有共同之处，即都要在文章中表明主旨或中心思想。

比如，提出希望："让我们共同努力，使我们的祖国更加繁荣富强！"

再比如，提出祝福："愿我们在新的一年更上一层楼！"

4. 过渡

衔接和过渡的形式很多，如递进式、并列式、对比式、顺接与逆接等。过渡和衔接一般都在段内或段与段之间，它是公文写作中一种较为常见的结构形式。为了确保公文结构的合理安排，就必须做到以下几点内容。

根据主题内容，合理安排段落。比如，标题中有几个主标题，每个主标题下面一般要安排几个分标题。

在公文写作中，保持段落间的逻辑连贯性是非常重要的。例如，要注意总体与细节、内在与外在、先后顺序等逻辑关系，确保文档的各个部分相互关联，形成连贯的整体。这样，公文的内容才能条理清晰，逻辑顺畅。

要注意公文结构中的层次和段落间的关系。

一般情况下，公文的结构形式是由大到小，由总到分；但也有例外：有的公文只有一个结构形式，即"总—分—总"，有的则由"总—分—总"和"总—分—总—分"等结构形式构成。

2.2.2 特定公文如何写

通常，我们可能会误以为公文写作仅仅是将文件内容按特定顺序排列。然而，实际上每种公文都有其独特的结构，且每一类公文都遵循其特定的结构形式。公文旨在解决具体问题，因此它的结构安排中必须体现出解决问题的逻辑思路和方法。所以，如何在特定类型的公文中安排结构和处理逻辑关系，是我们需要认真研究和掌握的技巧。

 场景重现

这天，小刘接到了一项新任务，需要撰写一份请示。他按照自己的理解和经验开始了撰写，毕竟已经学了这么长时间，也有了多次公文写作经验教训，他觉得这

次应该没啥问题了。

　　小刘花了一整天的时间来写这份请示公文，最终他提交了他认为完美的作品。在呈送给李总前，小刘还是决定先让华姐审核一下。

　　华姐看完小刘的请示后，发现了一些问题。

 **分析解惑**

　　华姐：小刘，你的请示格式和内容都存在问题，需要进行修改。

　　小刘感到很困惑，不明白自己哪里出了问题。

　　小刘的请示公文如下。

　　标题：请示购买新电脑

　　编号：2019-123

　　日期：2019 年 5 月 1 日

　　呈报人：小刘

　　请示内容：

　　公司现有的电脑设备已经老化，不能满足我们的办公需求。因此我提出申请，请求购买新电脑。新电脑的品牌和型号请由专业技术部门负责选择。

　　附件：无

　　华姐：在撰写公文时，我们需要特别注意逻辑性和结构的合理性。有时，受到内容的限制或对公文结构理解不够深入，可能会导致逻辑上的错误或结构上的混乱。合理的公文结构要遵循准确、完整、简明和清晰的原则。

　　小刘：华姐，请问能否具体举个例子说明这些原则？

　　华姐：当然。比如说，准确原则指的是在公文中使用概念和术语要精准，不应模糊不清。举例来说，"对"或"对于"这样的介词，需要在正确的语境中使用，否则可能会改变原意。完整原则则要求公文从形式到内容都应完备，不能只讲述理论而忽视实际操作指导，或者反之。简明原则强调用最直接的语言传达信息，保持句子精练，逻辑关系清晰。至于清晰原则，就是要保证公文的各个部分都有明确的逻辑联系，并且层次分明。

　　小刘：我明白了，比如我们不能将高层领导的指示和普通公告混为一谈，而应该根据内容的重要性和紧急性分别处理。

　　华姐：正是这样，还有，在使用规范性词语时，也要特别注意。像"遵照""依照""参照"这样的词，它们有特定的法律或规范含义，不可以随意混用。

　　小刘：这下我清楚多了。我应该如何避免这些问题，提高我的公文写作质量呢？

　　华姐：一方面要多学习公文写作的基本知识和规范，另一方面是多实践。你可以先按照模板修订你的公文，然后我们一起审阅，持续改进。

小刘：谢谢华姐，我现在就去按模板修改我的公文。

 改后材料

标题：关于申请购买新电脑的请示

编号：AD-2019-123

日期：2019年5月1日

呈报人：小刘

请示内容：

尊敬的领导：

我司现有的电脑设备已经使用多年，性能逐渐降低，不能满足我们的日常办公需求。为了保证公司工作的高效性和顺畅性，我提出申请，请求购买新电脑。新电脑应当符合以下要求：处理器速度快、内存大、硬盘容量大、显卡性能优良、品牌可靠。预计购买数量为50台左右，具体型号请由专业技术部门负责选择。购买预算为50万元左右，具体请相关部门协调预算。

特此请示。

呈报人：小刘

附件：无

华姐看完修改后的请示公文，对小刘表示了肯定，并告诉他："在撰写公文时，要注意格式和内容的规范，尤其是特定公文，如请示公文，更要认真对待。"

 应对秘籍

特定公文是指按照一定的格式和内容要求，专门用于某种特定的公务活动的公文，通常包括以下几类。

（1）请示报告类：包括请示、报告、汇报等，用于向上级单位或领导请示、报告、汇报工作情况、问题、意见等。

（2）通知公告类：包括通知、公告、通告等，用于向全体人员或特定对象发布重要信息、规定、通告等。

（3）呈批议案类：包括呈批、议案等，用于向上级单位或领导提交意见、建议、方案等。

（4）决定命令类：包括决定、命令、指示等，用于向下级单位或对象下达指令、决定、命令等。

特定公文的特点是格式和内容上都有一定的规范和要求，因此撰写时需要注意以下技巧。

（1）熟悉公文格式和内容要求，严格按照规范撰写。

（2）注意公文的语言应力求简明、准确，不要使用生僻词汇或长句子。

（3）在撰写公文时，要注意客观、中肯，不要夹带个人感情或情绪。

（4）对于涉及重要事项的公文，应该仔细检查，确保准确无误。

例如，一份请示公文的撰写技巧可以包括以下内容。

确定请示的主题和内容，明确请示的目的和要求。

按照公文格式要求，正确填写公文的标题、编号、日期、呈报人、请示内容、附件等。

在请示内容中，要客观、中肯地陈述问题或情况，说明自己的基本立场和观点，提出具体的请求或建议。

检查公文的内容是否准确无误，语言是否简明、准确，是否符合公文格式和内容要求。

2.2.3　横纵结构有窍门

公文写作是一种专业性很强的写作方式，其结构的合理性直接影响信息传达的效率和准确性。要掌握公文写作的横纵结构，首先需要了解其基本构成。横结构指的是公文中同一层级信息的布局，包括标题、正文、结尾等部分的协调与平衡；而纵结构则是指公文中不同层级信息的递进关系，即如何通过段落过渡、句间连接和逻辑推进来表达完整的思想。掌握这些窍门，能够使公文的表述更加清晰、逻辑更加严密、说服力更强。接下来，我们就一起深入探讨如何在公文写作中有效应用横纵结构，以提升写作质量和工作效率。

　**场景重现**

小刘接到领导的委派，需要撰写一份关于公司员工培训计划的报告。在开始写作前，他细致地考虑了报告的内容和结构。

小刘决定按照时间的顺序来排列报告内容，他采用了纵式结构。他认为这样可以使报告条理清晰、逻辑有序，有助于领导的阅读和理解。小刘先是梳理了培训计划的时间安排，接着介绍了各个培训课程的具体内容。在文末，他还归纳了培训计划带来的成效及可能的提升空间。

小刘对自己的报告相当满意，相信所采用的横式结构清晰而具有逻辑性，完全贴合领导的期待。然而，领导在阅读报告后感到困惑，他认为报告的主题不突出，内容缺乏聚焦，整体框架模糊，不易把握重点，也难以决策如何处理报告提到的各项内容。

领导找到小刘，指出了他在报告结构上的问题，并要求他重新调整报告的结构，以便更加突出重点，使内容更紧凑、有力。

分析解惑

小刘：前不久领导让我写一篇关于公司员工培训计划的报告，我采用横式结构来呈现报告的内容。结果领导说不行。我是否该改用纵式结构？

华姐：如果你以时间先后为顺序，那么采用纵式结构显然更合适，因为这样的结构可以使报告的主题更加明确，重点更加突出，逻辑性更加强，更容易让读者理解。

小刘：采用纵横结构究竟需要哪些技巧？

华姐：在公文撰写中，正确地运用纵横结构至关重要。合适的结构布局不仅提升了公文的可读性，还增强了内容的逻辑性、准确性、条理性和专业性。我举例说明，详细讲解以下纵横结构的概念以及具体应用。

（1）纵式结构：按时间顺序或事件发展过程或者各层次之间的逻辑关系来组织材料。通过对事例或问题进行逐层推进的论证或阐述，为主旨服务。

以《关于对 2017 年度新进人员进行试用期满考核的通知》为例。

为做好 2019 年度教职工在职进修培养工作，加强对外出进修教师的管理，现将有关事项通知如下：

一、考核对象（此处为公文事例，并非教案内部的级数标题）

2017 年来校工作至 2018 年 6 月 30 日试用期满的我校专任教师，辅导员、实验员等教辅人员，以及附中、附小聘用的教师。

二、考核时间（此处为公文事例，并非教案内部的级数标题）

2018 年 9 月 3 日至 9 月 13 日

三、考核程序及要求（此处为公文事例，并非教案内部的级数标题）

1. 被考核人提交工作 1 年以来（试用期）的工作总结，并填写《湖北省事业单位工作人员确定工资呈报表》中个人基本信息。

2. 用人单位对被考核人试用期工作进行综合评价，并在《湖北省事业单位工作人员确定工资呈报表》中"单位意见"栏中明确填写考核等次（合格或不合格）及是否同意转正定级的意见。

3. 用人单位将本单位被考核职工工作总结和填写的《湖北省事业单位工作人员确定工资呈报表》于 9 月 14 日前上交人事处（综合楼 408 室）。

四、考核结果（此处为公文事例，并非教案内部的级数标题）

此次考核结果分合格、不合格两个等次，是学校决定是否对相关人员按期转正定级、继续聘用的重要依据。请各单位高度重视，切实做好考核工作。

考核结束后，人事处以书面形式将考核结果通知被考核人。被考核人对考核结果如有异议，可于接到考核结果通知之日起一周内向学校申请复核。

【讲解】纵式结构强调严密的逻辑性，内在的公文主体的各个部分有隶属关系。

（2）横式结构：从不同角度，按照事物的不同，把表现主旨的观点、事实、要求、办法等分成若干部分，不分主次地划分层次。层次之间没有隶属关系，在内容上相对独立，显现出事物内在的并列关系。

以《国务院关于在中国（上海）自由贸易试验区内暂时调整有关行政法规和国务院文件规定的行政审批或者准入特别管理措施的决定》为例。

为加快政府职能转变，创新对外开放模式，进一步探索深化改革开放的经验，根据《全国人民代表大会常务委员会关于授权国务院在中国（上海）自由贸易试验区暂时调整有关法律规定的行政审批的决定》和《中国（上海）自由贸易试验区总体方案》的规定，国务院决定在中国（上海）自由贸易试验区内暂时调整下列行政法规和国务院文件规定的行政审批或者准入特别管理措施：

一、改革外商投资管理模式，对国家规定实施准入特别管理措施之外的外商投资，暂时调整（此处为公文事例，并非教案内部的级数标题）

《中华人民共和国外资企业法实施细则》《中华人民共和国中外合资经营企业法实施条例》《中华人民共和国中外合作经营企业法实施细则》《指导外商投资方向规定》《外国企业或者个人在中国境内设立合伙企业管理办法》《中外合资经营企业合营期限暂行规定》《中外合资经营企业合营各方出资的若干规定》《〈中外合资经营企业合营各方出资的若干规定〉的补充规定》《国务院关于投资体制改革的决定》《国务院关于进一步做好利用外资工作的若干意见》规定的有关行政审批。

二、扩大服务业开放，暂时调整（此处为公文事例，并非教案内部的级数标题）

《中华人民共和国船舶登记条例》《中华人民共和国国际海运条例》《征信业管理条例》《营业性演出管理条例》《娱乐场所管理条例》《中华人民共和国中外合作办学条例》《外商投资电信企业管理规定》《国务院办公厅转发文化部等部门关于开展电子游戏经营场所专项治理意见的通知》规定的有关行政审批以及有关资质要求、股比限制、经营范围限制等准入特别管理措施。

【讲解】与纵式结构不同，横式结构公文中主体的各个部分往往是并列的关系

（3）纵横式结构：这种类型为内容较多，篇幅较长的公文所普遍采用。事物之间相互联系的复杂性是纵横结构的客观基础。从总体上来看，主文层次是纵向的。但纵中有横，按纵向展开内容，又按横向并列层次表述，或者主文层次总体

上是横向并列的，但横中有纵，对内容层层推进。

以《××省人民政府办公厅关于做好证明事项清理工作的通知》为例。

一、清理范围（此处为公文事例，并非教案内部的级数标题）

本次清理的对象是法律、法规、规章和规范性文件设定的证明事项。

二、清理职责（此处为公文事例，并非教案内部的级数标题）

全省清理工作实行分级负责制。市（州）、县（市、区）清理工作由各市（州）、县（市、区）人民政府统一负责清理，省政府各部门的清理工作由各部门具体负责。省政府法制办负责牵头组织实施全省清理工作。

三、实施步骤（此处为公文事例，并非教案内部的级数标题）

（一）清理自查阶段（此处为公文事例，并非教案内部的级数标题）

（2018年8月15日前）。各地各部门根据本次清理工作的要求，全面梳理涉及的证明事项，逐项提出取消或保留的建议，按管理权限及程序报同级人民政府审定后，形成证明事项清单及清理情况报告，报省政府法制办清理工作专班。

（二）集中审查阶段（此处为公文事例，并非教案内部的级数标题）

（2018年9月15日前）。省政府法制办负责组织协调全省证明事项清理工作，抽调相关部门、单位人员集中办公，审核各地各部门报送的清理结果，逐条提出审核意见建议。

（三）审定上报阶段（此处为公文事例，并非教案内部的级数标题）

（2018年9月30日前）。省政府法制办与各地各部门就证明事项清理情况沟通达成一致意见，形成我省证明事项清单及清理情况报告，经省人民政府审定后报司法部。

（四）公布运行阶段（此处为公文事例，并非教案内部的级数标题）

（2018年12月31日前）。对已取消的证明事项，及时通过互联网等向社会公布目录，做好宣传解读工作。对确需保留的证明事项，公布清单，逐项列明设定依据、开具单位、办理指南，保证平稳过渡，防止出现管理和服务"真空"。

四、工作要求（此处为公文事例，内容略）

【讲解】总体为横向结构，第三点实施步骤部分为纵向结构，分为清理自查，集中审查，审定上报，公布运行四个阶段。

 改后材料

以下是小刘原先采用横式结构的报告篇章。

一、培训计划时间表

1. 第一周：开场白

2. 第二周：团队合作

3. 第三周：沟通技巧

4. 第四周：领导力培训

5. 第五周：项目管理

二、培训课程介绍

1. 开场白：介绍公司的发展历程和发展方向

2. 团队合作：介绍团队合作的重要性和技巧

3. 沟通技巧：介绍沟通技巧的基本原则和方法

4. 领导力培训：介绍领导力的重要性和培养方法

5. 项目管理：介绍项目管理的基本原则和方法

三、培训计划总结

1. 培训计划的收获和成效

2. 未来的发展规划

以上是小刘采用横式结构的报告，可以看出，他按照时间的先后顺序来安排报告的结构。虽然内容比较完整，但是整个报告的主题不够明确，缺乏重点，缺乏逻辑性。这种结构容易让读者产生审美疲劳，阅读起来比较困难。

如果小刘采用纵式结构来呈现报告的内容，那么报告会更加清晰明了，主题更加明确，重点更加突出，逻辑性更加强。

以下是小刘采用纵式结构的报告篇章。

一、培训计划概述

1. 培训计划的目的和意义

2. 培训计划的内容和时间安排

3. 培训计划的总体目标和具体指标

二、培训课程详细介绍

1. 开场白：介绍公司的发展历程和发展方向

2. 团队合作：介绍团队合作的重要性和技巧

3. 沟通技巧：介绍沟通技巧的基本原则和方法

4. 领导力培训：介绍领导力的重要性和培养方法

5. 项目管理：介绍项目管理的基本原则和方法

三、培训计划成效评估

1. 培训计划的效果评估指标

2. 培训计划的实际效果分析

四、培训计划总结和未来规划

1. 培训计划的总体收获和成效

2. 未来的发展规划和建议

可以看出，小刘采用纵式结构，将报告按照主题和内容来安排，使得整个报告的结构更加清晰明了，逻辑性更加强。这种结构能够更好地突出报告的重点和亮点，使得读者更容易理解和接受报告的内容。

👉 应对秘籍

公文作为官方文件，具有规范的格式和要求，而其中的纵横结构安排是至关重要的一环。在处理公文中的纵横结构安排时，可以采用以下技巧。

（1）明确层次，合理分段：公文的纵向结构要求信息层次分明，每个部分都应该有一个明确的主题。通过合理分段，确保每一段落都围绕一个中心思想或主题展开，这样既能保持结构的清晰，也便于读者快速抓住重点。段首句通常要能够概括该段落的核心内容，段落之间的过渡要自然，确保整个文档的连贯性。

（2）逻辑性强，条理清晰：纵向结构的有效安排应体现出强烈的逻辑性和条理性。从总述到分述，再到具体事项的阐述，每一部分都应遵循逻辑顺序进行排列，使读者能够按照作者的思路理解文档的内容。常用的逻辑顺序包括时间顺序、空间顺序、重要性顺序等，选择合适的逻辑顺序能够使公文内容更加有说服力。

（3）横向对称，格式统一：公文的横向结构关注的是文档的视觉平衡和格式统一。标题、正文、附件等各部分应保持对称，格式上要统一规范，如使用相同的字体、字号、行距等，这样不仅有助于增强文档的美观性，也便于读者阅读和理解。此外，确保所有列表、条款或项目编号的对齐方式一致，这样能够让公文看起来更加专业和严谨。

方法篇

第 3 章

公文人员进阶三阶段

3.1 有框架，填词句

公文写作的第一重境界，是要有框架。这里的框架，就是指我们文章的总体结构、行文逻辑、标题等。比如，我们写一篇会议讲话，总的结构可以是"一件事""一个新要求""三个具体安排""四个重点"。刚接触公文写作的新人，一般还没有写作思路，也不会搭建公文框架，所以，我们第一步要做的就是在已有框架的公文中，填充具体内容，精修词句。

3.1.1 定好主题

对于已有框架或者有具体模板的公文，我们该如何开始写作的第一步呢？首先要做的就是确定公文的主题。主题，是文章的中心思想，也可以说是文章的灵魂所在。它决定了一篇文章的整体架构、行文逻辑、主旨所在，是整篇文章的总开关。公文主题的确定，要遵循一定的原则和方法。

 场景重现

小刘是一名新晋公文写作人员，他接到了一份任务，需要写一篇调研报告。他按照既有模板填充了文章的内容，但是却没有抓住文章的主题，写得比较散乱。以下是小刘写的文章。

标题：关于某市场的调研报告

内容：某市场是我市一个比较重要的市场，我们组织了一次调研，了解市场的情况。我们发现市场的规模不小，有很多商家在里面经营。我们还了解到了市场的地理位置和交通情况。总的来说，市场的潜力很大，值得我们继续关注。

领导看了之后很不满意，认为小刘没有抓住文章的主题，也没有深入调研市场的实际情况就下笔写报告，报告内容主题不明，内容过于简单。

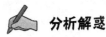 **分析解惑**

华姐：关于如何确定公文的主题，这里有几个原则。

（1）符合领导意图。领导意图是指领导在贯彻执行上级决策部署时所希望达到的目的和结果，它是公文写作人员必须考虑的首要原则。

（2）符合时代特征。时代特征反映着事物发展的客观规律和时代前进的方向。公文主题也必须符合时代特征和发展趋势。

在具体操作中，可以从以下几个方面入手。

（1）从关键词入手。找到关键词，围绕这些关键词展开讨论，可以更好地抓住文章的主题。

（2）确定核心观点。文章中心思想是什么？把它提炼出来，作为文章的主题，以吸引读者的注意。

（3）总结问题。总结调研中发现的问题，将其作为文章的主题，以体现文章的价值和意义。

 改后材料

浅析某市场的发展及存在问题

尊敬的领导：

本次调研主要围绕某市场进行，我们了解到该市场规模不小，商家众多，但是存在着价格不透明、服务不规范、安全问题等多方面的问题。本报告旨在总结调研结果，提出解决方案，促进市场的健康发展。

一、市场概况

某市场是我市一个比较重要的市场，位于市中心，共有200多个商家在里面经营，主要以家居用品、服装鞋帽、食品饮料等为主。市场总面积2万平方米，日均客流量约1万人次……

二、存在的问题

1. 价格不透明……

2. 服务不规范……

3. 安全问题……

三、对策建议

1. 规范市场价格

2. 提高服务质量

3. 加强安全管理

四、结论

......

调研人：小刘

2023 年 5 月 20 日

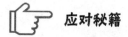 **应对秘籍**

如何确定一篇公文的主题呢？主要有 3 个方法。

（1）基于上级精神。上级精神决定了公文主题的方向和基调，是我们判断写作内容是否方向正确的一个重要依据。比如，在某市调研时，我们发现，该市委主要领导在全市经济工作会议上提出要以"打造西部中心城市"为总牵引、总抓手、总目标，并对此作出具体部署。那么会议中提出的"打造西部中心城市"就应该成为我们此次调研报告的主题。

（2）基于实践需要。实践中遇到什么问题就解决什么问题，把实践中遇到的问题提炼出来作为文章主题。比如，某市在调研中发现"不想干事、不会干事"是当前制约我市高质量发展的突出问题，并提出了"提振精气神、强化执行力、凝聚向心力"的新要求。这个主题就是从实际需要出发确定的。

（3）基于自我认知。主题要符合实际情况。如果你没有什么深度思想或特殊经历，写文章最好不要去谈什么"个人理想""人生追求""思想境界"等高大上的东西。

3.1.2　搜集素材

公文写作要学会"取之于民，用之于民"，这是公文写作的宗旨和原则，也是公文写作的目的和意义所在。在确定好主题后，我们下一步要考虑的就是，将核心主题拆分成有关联的几个分支主题，并围绕这些分支主题，搜集对应的素材，填充文章内容，确保让文章整体脉络清晰，内容饱满。

 场景重现

小刘最近写文章很是苦恼，原因在于他不知道如何把搜集到的素材资料填充到相应的框架中。因此，他写的内容总是出现张冠李戴的现象，属于 A 分支的主题素材内容，却放到了 B 分支的主题中，写出的公文让领导很不满。

例如，小刘要写一篇关于"健康饮食"的文章，他确定了"健康饮食"作为核心主题，下面有"膳食结构""饮食禁忌""常见食品安全问题"等分支主题。但他在搜集素材时，把关于"膳食结构"的资料放到了"饮食禁忌"的分支主题中，把关于"常见食品安全问题"的资料放到了"膳食结构"的分支主题中，导致文章逻辑混乱，内容不够精准，让人看了一头雾水，无法抓住重要的信息。

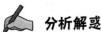 **分析解惑**

小刘找到华姐请教，如何将搜集好的素材填充到相应的框架中。

华姐：小刘，要围绕分支主题搜集素材，必须先了解每个分支主题的核心思想，并尝试从不同的角度去思考、搜集素材。

例如，对于"健康饮食"这个主题，关于"膳食结构"的分支主题，可以从如何搭配食物、如何摄入足够的营养素等角度去搜集素材。

关于"饮食禁忌"的分支主题，可以从不同人群的饮食禁忌、饮食禁忌的原因等方面去搜集素材。

关于"常见食品安全问题"的分支主题，可以从食品添加剂的使用、食品质量检测等角度去搜集素材。

这样，每个分支主题的素材就会更加准确、有针对性，文章的信息传递也会更加精准。

 改后材料

小刘按照华姐的建议重新梳理了文章结构，并重新搜集了素材，最终完成了一篇准确、有针对性的文章。以下是文章片段。

健康饮食是我们日常生活中必须关注的问题，它不仅关系到我们的身体健康，还影响我们的生活质量……

一、膳食结构

膳食结构是指人们在一定时间内所摄入的不同营养素的比例和总量，它是健康饮食的基础。在膳食结构中，蛋白质、脂肪、碳水化合物、维生素、矿物质等营养素的摄入都很重要……

二、饮食禁忌

不同人群有不同的饮食禁忌。例如，糖尿病患者需要控制糖分的摄入；高血压患者需要控制盐分的摄入……

三、常见食品安全问题

在日常生活中，我们经常会遇到食品安全问题，例如，食品添加剂的使用、食品质量检测等。我们应该了解这些问题，并注意选择安全、健康的食品。

 **应对秘籍**

我们该如何搜索和主题相符的素材呢？有以下几点需要注意。

（1）关注领导讲话。密切关注领导的讲话是积累工作素材的重要手段。领导讲话通常会就工作的全局性问题提供指导和阐述，它们往往包含了高层次的指导原则和发展战略。例如，在探讨工作问题时，领导可能会强调诸如"发展是首要任务""质量是基本生命线""效益是核心目标"等原则。

（2）关注上级政策。上级政策可以为我们提供借鉴和参考，也可以为我们提供写作的方向。比如，2020 年中央一号文件《中共中央、国务院关于抓好"三农"领域重点工作确保如期实现全面小康的意见》中提出了"加强农业基础地位，走中国特色农业现代化道路""构建现代农业产业体系、生产体系和经营体系，提高农业质量效益和竞争力"等内容。上级政策可以为我们提供具体的工作思路和办法。

（3）关注历史文化。比如，在介绍某一地区的情况时，我们可以根据自己了解到的当地历史文化资源来写，如革命圣地延安、革命城市瑞金、红色旅游胜地井冈山等。

3.1.3 提炼词句

如果说，搭建框架是一种思维，那么填好词句，就是一项技术了。在公文写作过程中，我们可能会有一些错误的语句或者表达不恰当的地方。这就需要我们及时对这些词句进行修改，修改后再反复读几遍，检查修改后的句子是否流畅自然、逻辑清晰、表达准确、符合公文标准和规范格式。要确保每个句子和段落都服务于公文的目的，能够有效传达想要表达的信息和意图。

 场景重现

小刘写完了文章，但是他没有及时检查词句的准确性，导致文章中出现了很多语法错误和逻辑错误，使得文章的可读性和可理解性都大大降低了。以下是小刘写的一篇文章片段。

"健康饮食是我们每个人都要注意的问题。在日常生活中，我们应该合理地搭配食物，避免吃到不安全的食品，保持身体的健康。另外，我们还应该注意不同人群的饮食禁忌。例如，糖尿病患者需要控制糖分的摄入；高血压患者需要控制盐分的摄入。"

分析解惑

小刘向华姐寻求指导后，华姐发现了他文章中的诸多语法和逻辑问题。她提醒小刘，在撰写文章时应精确地处理语言和句子，以免犯下语法和逻辑上的错误。

华姐：例如，"我们每个人都要注意的问题"这句话应该改为"我们每个人都需要关注的问题"；"应该合理地搭配食物"这句话应该改为"应该根据自己的身体状况和生活习惯，科学地搭配食物，保证身体的健康"；"不安全的食品"应该改为"不符合食品安全标准的食品"等。

华姐：此外，文章中的逻辑错误也很明显。例如，"在日常生活中，我们应该合理地搭配食物，避免吃到不安全的食品，保持身体的健康"这句话中，"合理地搭配食物"和"避免吃到不安全的食品"是两个独立的问题，应该分别写在不同的段落里面，而不应该放在同一个句子里面。

华姐：现在重新修改一下你的公文，一定要注意避免逻辑错误和语法错误。

改后材料

以下是小刘修改后的文章片段。

健康饮食是我们日常生活中必须关注的问题，它不仅关系到我们的身体健康，还影响我们的生活质量。在保证膳食结构合理的前提下，我们应该尽可能避免吃到不符合食品安全标准的食品。而在饮食选择上，不同人群也有不同的饮食禁忌，需要有针对性地进行选择。

一、膳食结构

膳食结构是指人们在一定时间内所摄入的不同营养素的比例和种类，包括碳水化合物、蛋白质、脂肪、维生素、矿物质及水等，以及这些营养素之间的平衡关系。良好的膳食结构对维持机体健康、预防疾病有着重要作用。

二、饮食禁忌

不同人群有不同的饮食禁忌。例如：糖尿病患者需要控制糖分的摄入；高血压患者需要控制盐分的摄入；孕妇需要避免食用生鱼、生肉等。了解自己的饮食禁忌，对于保持身体健康至关重要。

三、食品安全问题

在日常生活中，我们经常会遇到食品安全问题。例如，食品添加剂的使用、食品质量检测等。我们应该了解这些问题，并注意选择符合食品安全标准的食品。

👉 **应对秘籍**

文章完成后一定要认真审读一遍，看是否符合逻辑，字词使用是否得当，以确保文章的专业性、可读性。

（1）仔细阅读文章并标记可能存在问题的字词、短语和句子。这样可以更容易地定位错误，方便修改。

（2）使用在线语法和检查工具。这些工具可以帮助你快速检查文章中的词语、语法和标点符号等方面的错误，并提供修正建议。

（3）请其他人帮助你检查文章。有时候，自己无法发现自己文章中的错误，因为自己已经对文章内容和结构过于熟悉。请其他人阅读你的文章，可以快速发现自己没有发现的问题。

（4）在检查完文章之后，如果情况允许，可以放置一段时间后，再进行复查。这样可以让你以新的视角重新审视文章，更容易发现错误和进行改进。

3.2　有思绪，造框架

在这一阶段中，公文写作人员虽然有了写作的思路，但是没有合适的框架，即不知道应该用什么观点去论述和说明问题。只有经过较长时间的积累，形成了一定的写作思维和写作经验后，才能有所突破和进步。

3.2.1　有思绪，再下笔

不管是写公文，还是写其他文章，都需要有一个完整的思路，否则写出的文章就是一团乱麻。

 **场景重现**

小刘作为一名职场新人，经常需要写各种各样的公文和汇报材料。但是他在写作过程中总是缺乏思路，无法形成一个完整的框架和结构，导致写出的文章思路混乱、层次不清、重点不突出。以下是小刘写的一篇汇报材料片段。

"关于最近完成的市场调研项目，我有一些想法和发现。市场调研显示，我们的产品在年轻消费群体中的知名度不高，我觉得我们可能需要做更多的广告。此外，调查问卷结果表明，大多数受访者认为我们的产品价格比竞品高。但是，我们的产品质量和售后服务是行业内最好的，所以我认为如果我们能够在售后服务上做些文章，应该能够吸引更多的客户。关于上个月的销售活动，我认为效果不算太好，主要原因可能是促销力度不够大，还有就是活动的宣传渠道选择可能有待优化……"

在这篇汇报材料中，小刘表达了多个点，包括市场调研的结果、产品定价问题、质量和售后服务的优势，以及对过往销售活动的评价。不过，这些内容并未按照一个清晰的结构展开，使得整体思路显得零散和混乱。

 分析解惑

为了捋清思路，小刘急急忙忙找到华姐请教。

小刘：华姐，我最近写公文总是缺乏思路，写出来的文章思路混乱，层次不清，重点不突出。您能帮我看看吗？

华姐：当然可以。首先，写公文或汇报材料要提前形成一个完整的思路和框架，把汇报对象、汇报时间、汇报内容等列出来，并根据这些信息构建文章的结构和框架。

小刘开始列出汇报材料的对象、时间和内容。

华姐：很好，接下来你要注意语言的准确性和表达的清晰性，突出文章的重点和亮点，吸引读者的注意力。可以先从文章的主题入手，提炼出文章的主题和要点，然后按照主题和要点来构建文章的结构和层次感。

小刘：这个方法很好，我现在就试着提炼一下主题和要点。

 改后材料

尊敬的领导：

感谢您抽出宝贵的时间来听取我们的工作汇报。我在此向您汇报我们最近的工作情况。

内容：

1. 完成了×××项目，取得了很好的成绩。

2. 遇到的问题及解决方案。

3. 下一步的工作计划。

在完成×××项目的过程中，我们遇到了很多挑战和困难……在这里，我想向所有参与这个项目的同事表达感谢，感谢你们的辛勤付出和无私奉献。

下一步，我们将继续努力，致力于更好地完成公司交给我们的任务。谢谢！

时间：××××年××月××日至××××年××月××日

汇报对象：公司领导、相关部门负责人

👉 应对秘籍

在写作之前，我们要先把一些基本概念搞清楚。比如，要写什么事情、谁来做、什么时间点、什么地点、谁做的这些事情，随后，再思考它们之间的逻辑关系，轻重缓急之分。在搞清楚这些基本概念之后，我们才能更好地组织材料。

1. 围绕主题，精心构思

公文的主题是其核心所在，它贯穿于整篇文章的始终。在构思过程中，务必紧扣主题，确保公文的标题、各个段落和层次结构均围绕主题展开。如果偏离了主题，文章便会失去明确的方向和凝聚力，导致思路混乱，甚至偏离既定的讨论范畴，影响文章的有效性和专业性。

2. 围绕主题，谋篇布局

谋篇布局是在确定主题的基础上，通过对材料的取舍、加工、组合和安排，形成完整的结构。谋划好一篇公文，要从开头、主体、结尾 3 个部分来入手。

一般情况下，公文写作都要有完整的开头、主体和结尾，但在实际工作中往往被忽视或不作要求。其实，这 3 个部分之间是相互联系、相互制约、相互促进的。只有把这 3 个部分有机地结合起来，才能形成完整而协调一致的结构；反之，结构混乱，就会影响整个公文内容和形式上的完美统一。

3.2.2　有框架，再行文

在公文写作过程中，首先要构建一个清晰的框架，随后依照该框架进行写作。一旦思路明确，就仿佛拥有了一幅蓝图。无论撰写何种内容，都应先明确这个基础结构，再逐步充实具体的内容。

场景重现

这天，小刘拿着一篇公文，向华姐展示："您看看这篇文章，我觉得写得还不错。"

尊敬的领导：

本公司第二季度的业绩情况如下：

我们今年总收入×元，总利润×元，销售收入×元……我们下一步打算……

华姐接过来看了一下，发现文章结构混乱，重点不突出，层次感差，难以一目了然地了解文章的主旨和要点。

分析解惑

华姐：小刘，你这篇文章连框架都没有，零零散散，感觉就像临时拼凑出来的，没有整体连贯性。为什么不先构思好一个框架，再去往里面填内容呢？

小刘：我习惯了直接就写，没想过要先列提纲、搭框架。

华姐：一般情况下，公文写作都需要一个清晰的框架，这样才能确保文章逻辑性和条理性。好比搭建房子，不可能无视图纸直接堆砖头，文章也是一样，先有个提纲或者框架，可以帮助你理清思路，明确每个部分的内容和顺序。

小刘：那怎样才能搭建一个好的框架呢？

华姐：首先，你需要明确文章的目的和读者的需求，这是搭建框架的前提。然后，根据目的来确定文章的主要内容和结构。把文章分成引言、正文、结论三大部分，引言简洁明了地提出主题，正文条理清晰地展开论述，结论总结全文，并提出建议或行动方案。在这个过程中，可以使用提纲或者思维导图等工具来帮助组织思路。

小刘：我明白了，那我就先尝试根据这个方法来修改我的文章。

华姐：对，改写的时候注意检查每一个部分是否都紧扣主题，确保文章的连贯性和逻辑性。刚开始可能会觉得有点麻烦，但是这个习惯一旦养成了，你会发现写作效率和质量都会有很大提升。

华姐：搭好文章框架再行文的好处主要有以下几点。

（1）有助于突出文章的重点和亮点。

（2）有助于提高文章的清晰度和连贯性。

（3）有助于提高写作效率。

（4）有助于减少修改和润色的时间。

小刘：我明白了，构思好文章框架再行文，可以帮助我们更加高效地完成文章写作，提高文章的质量和清晰度。我马上修改。

改后材料

标题：本公司第二季度的业绩情况报告

尊敬的领导：

本公司第二季度的业绩情况如下：

1. 总体情况

    1.1 总收入

    1.2 总利润

    1.3 总成本

    1.4 总利润率

2. 销售情况

    2.1 销售收入

    2.2 销售成本

    2.3 销售利润

    2.4 销售利润率

3. 市场占有率

    3.1 市场份额

    3.2 市场增长率

4. 竞争情况

    4.1 主要竞争对手

    4.2 竞争对手的市场份额情况分析

    4.3 竞争对手的市场策略

5. 未来展望

    5.1 下一季度的计划

    5.2 未来一年的规划

以上是本公司第二季度的业绩情况报告，谢谢领导关注！

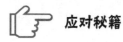 **应对秘籍**

公文框架的搭建过程是比较复杂的，包括以下几个方面。

（1）确定写作内容。比如，当我们想写"关于××"的公文时，首先要确定写哪一类的公文：通知、纪要、报告等，这是很明确的。但是还有一些情况比较特殊：如领导讲话、工作方案等。这类公文要体现什么精神、什么要求，都需要写清楚。

（2）确定行文框架。我们要明确文章要写给谁看，以及要表达什么样的观点，提出什么样的问题，采取什么样的措施和方法，等等。

（3）确定表述方式。不同的公文有不同的表述方式。比如：一份通知文件里面可能就是一个通知；一份报告文件里面可能就是一份报告；而领导讲话里面可能就是一个讲话稿。

（4）确定参考素材。在有了框架之后，我们还要把相关素材找出来，根据公文所要表达的内容进行相应取舍和组织安排。

3.3　有念头，捋思绪

在公文写作中，"有念头"指的是在撰写公文过程中会产生思考、想法和灵感。念头可以是关于公文主题的观点，也可以是关于公文的论证或者具体的表达方式等。这些念头在写作过程中可以引导作者更加深入地思考和组织文稿，使得公文更加准确、有说服力和逻辑性。当我们在写公文时，可能会有很多想法和信息要表达，但是如果没有进行思绪的整理，写出来的文稿可能会显得杂乱无章、思路不清晰。因此，捋思绪就是要对相关信息进行分类、归纳和排序，确保逻辑清晰，各个部分之间有明确的关联和衔接，这样才能使得公文的内容更加通顺、条理清晰，更容易被读者理解和接受。

3.3.1　心中有"事"

心中有"事"，就是要把所写材料当作自己的"事"来对待，始终保持一种积极的心态，明确写什么、怎么写、写给谁看，以及何时写、怎样写等。公文写作是一项专业性很强的工作，不同于一般的个人创作。所以，公文写作人员必须有专业的知识、丰富的经验和较强的文字功底，只有这样，才能在写作中做到胸有成竹、下笔有神。

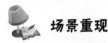　**场景重现**

这天，李总安排小刘写一篇有关加强机关干部作风的报告，并强调要有现象、有分析，并且有下一步改进措施。

小刘认真地将自己的想法和李总进行了沟通，得到李总的首肯后就开写了。以下是小刘写的报告片段。

尊敬的领导、各位同事：

大家好！我很荣幸能在此向大家汇报关于加强机关干部作风建设的重要问题。机关干部作风直接关系到党风廉政建设和反腐败斗争的成效，对于提高机关工作效能和服务水平也具有重要意义。因此，我们必须高度重视，坚决加强机关干部作风建设，推动机关工作的良好发展。

为了加强机关干部作风，我们要制定并严格执行机关干部作风建设的相关规章制度，明确干部作风的要求和标准，规定干部作风建设的责任和考核机制，确保机关干部作风建设的稳定和持续推进。我们还要通过宣传推广典型案例、先进典型事迹等形式，引导机关干部树立正确的价值观和行为准则，激励干部以良好的作风为机关和党的事业作出积极贡献。

总之，加强机关干部作风建设能够推动党风廉政建设和反腐败斗争取得更加显著的成效，提高机关工作效能和服务水平，增强群众对机关的认同和满意度。

李总看完小刘写的报告直摇头，认为这篇报告的内容没有体现出他的想法，非常空洞，让他先把思路捋清再动笔修改。

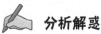 **分析解惑**

小刘意识到自己的问题，便找到了华姐请教。以下是华姐对小刘所提出的问题的分析与解答。

小刘：每次写作前，我都感觉脑子里有很多想法，但是一到写的时候，就不知道该怎么组织，如何将想法写到文章中。

华姐：这是一个常见的情况，很多人在写作时都会遇到类似的问题。以下是我的几个建议，希望能帮助你更好地组织和表达你的想法。

（1）列出大纲。在开始写作之前，先列出一个大纲。将自己的想法和观点按照逻辑顺序进行排列，确定文章的结构和主要内容。这样可以帮助你在写作过程中有一个清晰的方向。

（2）使用思维导图。使用思维导图可以使思路整理得更清晰。将想法和关键点用图形的方式呈现出来，然后根据这个导图来进行写作。这样可以更好地组织思维。

（3）分段落写作。将文章分成几个段落，每个段落都围绕一个主题或一个观点展开。在每个段落中，使用主题句来引导读者进入下一个思路。这样可以让文章更有逻辑性和连贯性。

小刘：那我们怎么让这些新的想法发挥作用，做到心中有"事"呢？

华姐：要让新的想法发挥作用并做到心中有"事"，可以考虑以下几个方法。

（1）记录想法。无论是在纸上、手机上还是电脑上，随时记录自己的思路和想法。

这样不仅可以避免遗忘，还能让自己随时回顾和思考。

（2）设定目标。设定目标并在笔记本或待办事项清单上详细规划，有助于将目标具体化，并且通过设定截止日期增加了实现目标的紧迫感。这样做可以更有效地管理时间，确保按时完成任务，并且有助于跟踪进度和调整计划以应对任何可能的挑战或变化。

（3）分解任务。将大目标分解为小目标，将复杂的任务拆解成更小、更具体的步骤，这样可以更易管理和完成。每完成一个小目标，你就会感到有所进展，更有动力继续前进。

（4）制定时间表。在日程中安排专门的时间来处理随时冒出来的新想法。无论是每天花一小时还是每周专门留出一天，定期留出的时间来推进这些想法，确保这些想法能够落地。

华姐：记住，心中的"事"需要行动来实现。要将新想法转化为具体的计划和行动步骤，坚持并持之以恒，就能够看到心中的"事"逐渐实现。

 改后材料

加强机关干部作风建设，推进党风廉政建设和反腐败斗争

尊敬的领导、各位同事：

大家好！我很荣幸能在此向大家汇报关于加强机关干部作风建设的重要问题。机关干部作风直接关系到党风廉政建设和反腐败斗争的成效，对于提高机关工作效能和服务水平也具有重要意义。因此，我们必须高度重视，坚决加强机关干部作风建设，推动机关工作的良好发展。

一、认识机关干部作风建设的重要性

机关干部作风是机关组织的精神风貌和行为特点的综合表现。作风建设关系到机关的形象、效能和民众的满意度。良好的作风能够提高机关工作效率，增强机关服务群众的能力，树立机关干部在人民中的良好形象。因此，我们必须深刻认识加强机关干部作风建设的重要性。

二、加强机关干部作风建设的措施

（1）建立健全机关干部作风建设的制度体系。制定并严格执行机关干部作风建设的相关规章制度，明确干部作风的要求和标准，规定干部作风建设的责任和考核机制，确保机关干部作风建设的稳定和持续推进。

（2）加强机关干部作风教育培训。（略）

（3）强化机关干部作风监督和问责。（略）

三、加强机关干部作风建设的意义和效果

加强机关干部作风建设能够推动党风廉政建设和反腐败斗争取得更加显著的成效，提高机关工作效能和服务水平，增强群众对机关的认同和满意度。同时，良好的机关干部作风也能够树立机关干部在人民中的良好形象，提升机关的社会声誉和公信力。

四、总结与展望（略）

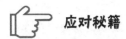

应对秘籍

我们该如何做到心中有"事"，保存好的想法，并能即刻用起来呢？

（1）深入调查研究，熟悉情况。在实际工作中，有些问题虽然很复杂，但这些问题中肯定有一些共性的东西值得我们去总结、分析。比如：研究一个行业或一个单位、一个部门的工作，可以先去了解其发展的一般规律；研究某一项工作或某一类工作，可以先去了解其特点和存在的问题；研究某一个具体问题时，也可以先去掌握其特点和规律。

（2）学会"触类旁通"。比如：我们要写关于工作思路和方法的材料，就要分析每个行业或单位有哪些好的工作思路和方法可以借鉴；要写关于安全生产管理方面的材料，就可以想一想企业在安全生产管理方面有哪些好的做法或经验；要写关于思想政治工作方面的材料，就可以想想如何发挥好思想政治工作优势，推动企业发展；等等。

（3）善于总结提炼。我们常说要善于总结、善于提炼，这是对人自身能力的锻炼和提高。通过总结提炼来把好的想法变成好文章、把好经验变成好做法，然后把它们应用到实际工作中去，这是一种很有效的方式。

3.3.2　心中有"人"

文章应该以读者为中心，从读者的角度出发，理解他们的需求、背景和兴趣。通过了解读者，我们可以更好地选择合适的语言、结构和内容，从而吸引并留住读者。对公文写作来说，这个"读者"就是各级领导，包括分管领导、部门负责人及相关业务人员。

场景重现

小刘是某部门专门写各种公文的工作人员，最近他发现自己的文章总是得不到

领导的关注和认可，每次提交的公文都会被领导批评。他感到十分困惑，不知道该如何提高自己的写作水平。

有一次，小刘写了一份工作报告，希望能得到领导的认可。但是，领导看完后并没有给出任何肯定的回应。

以下是小刘原始报告的部分内容。

我根据我们部门最近的工作情况，提出以下几点建议，希望能得到您的认可和支持：

（1）我们部门内部人员之间的协作还有待加强。

（2）在不影响工作质量的前提下，应该尽可能地优化工作流程，把每一项工作都分解成多个步骤，并明确每个人的职责和任务。

为了更好地做好工作，我们应该建立一个完善的工作结果跟踪和评估机制，及时了解工作结果，发现问题，并作出及时的调整和改进。

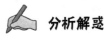 **分析解惑**

华姐听了小刘的情况后，认为小刘在写作公文时没有站在领导的角度考虑问题，导致文章不能打动领导。

华姐：公文的阅读对象一般是上级领导和本级部门负责人，因此，在撰写公文时，我们一定要注意准确把握领导的意图。所谓"准确把握"，就是要善于从上级领导和本级部门负责人那里获得信息，善于从他们的言行中领悟意图。如果没有掌握这些信息，或者掌握的信息不全面、不准确，那我们就写不出符合领导意图的公文来。

华姐：如何领会领导的意图呢？可以通过"三问法"，即让自己回答以下3个问题：我要说什么？对方为什么要听？我要达成什么目标？只有在回答清楚这3个问题后，才能开始写作。

华姐：我们在实际工作中，经常会遇到这样的问题：有一些工作，明明是上级安排给下级的，但下级却不知道应该怎么去做，这是为什么呢？其实，这里面存在着一个思维问题：上级安排的工作，下级不知道该怎么去做，这就是上级思维和下级思维的差异。对于上级来说，他的任务是下达并监督执行；而对于下级来说，他的任务是把上级布置下来的任务完成好。

比如说，在写一份汇报材料时，要想办法让上级了解我们是如何做好这项工作的。如果我们只是简单地把情况说清楚、把事情讲清楚、把数据列清楚，那是远远不够的。因为我们可能还是不知道领导究竟想听什么、想看什么、关注什么、担心什么。

改后材料

尊敬的领导：

我根据我们部门最近的工作情况，提出以下几点建议，希望能得到您的认可和支持。

一、加强协作，优化工作流程

我们部门内部人员之间的协作还有待加强。在不影响工作质量的前提下，应该尽可能地优化工作流程，把每一项工作都分解成多个步骤，并明确每个人的职责和任务。

二、注重培训和学习，提高员工综合素质

我们部门在某些方面还存在一些短板，需要通过培训和学习来提高员工的综合素质。我们可以通过组织内部培训、邀请外部专家讲课等方式来提高员工的技能和知识水平。

三、加强对工作结果的跟踪和评估

我们应该建立一个完善的工作结果跟踪和评估机制，及时了解工作结果，发现问题，并作出及时的调整和改进。

谢谢！

应对秘籍

我们该如何做到心中有"人"，确保文章能写到领导心里呢？

（1）阅读上级文件。上级文件是上级领导和本级部门负责人的指导性文件，我们要想了解上级对本单位工作的要求和指示，必须通过阅读上级文件来实现。

（2）请教有关领导。我们要想了解领导对本单位工作的意见和要求，必须请教有关领导。当然了，也可以通过其他途径去请教本单位其他业务人员。

（3）了解自己单位的工作情况。要想了解本单位对某项工作的进展情况和存在问题以及面临的困难等信息，也必须通过了解自己单位的工作情况来实现。

（4）加强同其他单位的联系。加强同其他单位的联系，可以帮助我们了解其他单位对本单位工作的看法和意见，以及本单位在其他单位中所处的地位和作用等信息。

3.3.3　心中有"理"

一篇好公文的形成一定离不开作者扎实的理论功底。扎实的理论功底是公文写作人员更好地理解和应用相关的法律法规、政策文件和行业知识的基础。

 场景重现

公文写作人员如果没有扎实的理论功底，就写不出高质量的公文。小刘虽然写了很长时间公文，但对于公文理论的学习一直不是很积极，所以他在写文章时，因缺乏严谨的理论论述观点，导致写出的内容总是很"虚"。比如，他在写一篇关于企业文化建设的文章时，是这样写的：

"企业文化是企业的灵魂，是企业的核心竞争力。建设企业文化需要从以下几个方面入手：一是培养良好的企业文化氛围，二是创造优秀的企业文化管理制度，三是加强企业文化的传播和宣传。"

小刘写的这段话存在一些问题和错误：

他在论述企业文化的重要性时，没有提供任何理论依据或相关研究的引用。这使得他的观点缺乏说服力和权威性。

他的论述没有明确的逻辑框架，各个方面之间缺乏连贯性和衔接性。读者很难从他的论述中得到一个清晰的思路。

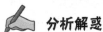 分析解惑

华姐看了小刘的文章后，一眼就看出问题所在。

华姐：小刘，你这篇文章没有理论做基础支撑，文章中也没有案例作为论据证明观点，所以内容太空泛了。

第一，在论证企业文化的重要性和作用时，你没有从理论上去进行阐述，也没有引用相关的研究成果和案例。

第二，你的文章只是简单地提出了建设企业文化需要从 3 个方面入手，并没有具体阐述每个方面的实现方法和效果。

第三，没有站在领导的角度上去考虑问题，你的文章只是从自己的角度出发去阐述企业文化的建设，没有从领导的角度出发去思考问题，也没有考虑到领导对于这个问题的具体需求和要求。

你可以从这三方面入手，进行修改润色。

（1）在写作前，先进行理论学习，了解企业文化的相关理论和研究成果，明确企业文化在企业发展中的重要作用和意义。

（2）在写作中，要具体阐述每个方面的实现方法和效果，并且要结合实际案例进行说明，从而让文章更具有说服力和可操作性。

（3）在写作中，要站在领导的角度上去思考问题，明确领导对于这个问题的具

体需求和要求，从而更好地满足领导的要求和期望。

 改后材料

尊敬的领导：

企业文化是企业的灵魂，是企业的核心竞争力。建设企业文化需要从以下几个方面入手。

一、明确企业文化的重要作用和意义

企业文化作为企业的核心竞争力和核心价值观，对于企业的发展和长远生存非常重要。只有明确了企业文化的重要作用和意义，才能更好地进行企业文化建设。

二、建立良好的企业文化氛围

建立良好的企业文化氛围是企业文化建设的基础。通过内部文化活动、文化教育培训等方式，加强员工之间的沟通和交流，营造出积极向上的企业文化氛围。

三、创造优秀的企业文化管理制度

创造优秀的企业文化管理制度是企业文化建设的重要保障。通过建立完善的企业文化管理制度，规范企业文化建设的方向和方式，从而更好地实现企业文化建设的目标和效果。

四、加强企业文化的传播和宣传

加强企业文化的传播和宣传是企业文化建设的重要手段。通过多种媒介，如企业网站、内部刊物、公告栏等，向员工和外部人士宣传企业文化，从而提升企业文化的影响力和认知度。

以上就是我对于企业文化建设的建议和思考，希望能够得到您的认可和支持。

 **应对秘籍**

以下是 4 条心中有"理"的重要原则。

（1）掌握基本的理论知识。公文写作人员需要掌握一定的理论知识，只有这样才能正确地把握事物的发展规律、指导思想和探索方向。比如，在撰写领导讲话稿时，需要了解领导的重要讲话精神和指示，以及相关的政策法规等。

（2）形成一个系统完整的知识框架。公文写作人员需要在学习理论知识的基础上，形成一个系统完整的知识框架。这个知识框架可以是从别人的经验中借鉴和学习，也可以是通过自己的学习和实践逐步形成的。在写作公文时，可以通过这个知

识框架对自己所写的材料进行一个较为系统的把握和思考。

（3）重视实践经验。公文写作人员需要注重实践经验的积累和总结。在写作公文时，可以结合自己的实践经验，从实际出发，灵活运用理论知识，使文章更加接地气、有针对性。

（4）学会"站在巨人的肩膀上"。公文写作人员可以借鉴、学习别人已经成熟、被大家公认了的思想观点、论述方法、体制机制等方面的内容。比如：在写领导讲话稿时，可以借鉴其他领导关于讲话如何处理好宏观与微观、全局与局部关系等方面的观点；在写综合性材料时，可以借鉴其他领域相关理论知识和经验；等等。

第4章

见"思"知著

4.1 完整性思维，把观点写全

在公文写作中，采用完整性思维是至关重要的。这意味着我们需要全面、详尽地阐述观点，确保所有关键信息无遗漏。为此，我们应当全面分析问题，并综合逻辑推理和对读者需求的理解。例如，在撰写公文时，应确保覆盖并充分阐述所有相关的观点，避免只关注部分观点或信息，而忽视其他关联的因素。同时，应充分考虑不同的视角、利益和潜在影响，保证观点的全面性，摒除偏见。

4.1.1 为何内容总是不全面

在写作中，我们经常会遇到这样的情况，当看到某个话题时，我们感觉有很多内容要写，可在落笔的时候，却不知道从何处下手。往往写了一堆观点后，却发现文章看起来不像一篇文章，更像一篇流水账。这是因为在写作的过程中我们缺乏完整性思维，从而导致文章缺少内容。

 场景重现

小刘：华姐，我最近写的公文总是被领导批评写得不够全面，我该怎么办呢？

华姐：你写文章时有没有用完整性思维去布局整篇公文结构？

小刘：什么是完整性思维？

华姐：比如，一个事物要包含所有的方面，既要有正面的、积极的、健康的方面，又要有反面的、消极的、不健康的方面。你写文章时只是罗列了一堆的观点，没有将这些观点之间的关系进行整合和分析，这样就缺乏论证的深度和说服力。

小刘：我还是不太明白，能不能给我举个例子？

华姐：比如说，你写一篇关于网络游戏的文章，你只写了网络游戏对青少年的负面影响，但是没有考虑到网络游戏对人们的娱乐和放松的积极作用。

　　小刘：原来是这样，那我该怎么修改呢？

　　华姐：你可以把你写的观点分为正面和负面两个方面，然后分别列出每个方面的具体内容，这样文章就会更加全面和完整了。

 分析解惑

　　华姐：在公文写作中，我们经常会遇到想写些什么却无从下笔的情况。往往写了一大堆内容，却发现文章就像流水账，毫无头绪和终点。这是因为在写作的过程中我们忽略了一点，那就是缺乏统筹考虑文章整体，即缺乏完整性思维。

　　华姐：从公文写作的角度来看，完整性思维是指在撰写公文时全面考虑所有相关因素，确保信息的完整性和准确性，以及文档的逻辑性和连贯性。在运用完整性思维写文章时，我们应该用好"正面+反面"2个要素。

　　如果把文章看作一件商品，那么我们在写文章时，一定要学会运用这2个要素，把一个观点写全。正所谓"一鱼多吃"，我们可以把一个观点拆分成多个部分，运用完整性思维把它写全。

　　比如，我们要写关于"我一直认为写作是一件很简单的事情"的观点，我们可以在段落开头先写下这个观点，然后再加入"正面+反面"2个要素，这就是完整的一个观点表达了，文章的整体构思也是如此。

　　写作是一项需要持续练习的技能。在初学写作时，可以从阐述一个简单观点开始，接着引入对立的观点以丰富文章的内容。随着写作水平的提升，再逐渐加入支持原观点的论据。在整个过程中，不断调整和完善写作思路与文章结构至关重要。最终目标是全面表达出自己的观点。

 改后材料

网络游戏的利与弊

　　网络游戏在当代社会已经成为人们的一种普遍的娱乐方式，然而，它的利与弊也同样备受关注。

　　网络游戏的"利"：

　　（1）网络游戏可以带给人们快乐和放松，缓解生活和工作中的压力。

　　（2）网络游戏可以锻炼人们的反应能力、思维能力和团队协作能力，有益于人们的身心健康。

　　（3）网络游戏还可以促进文化交流，让人们更好地了解不同的文化和习俗。

网络游戏的 "弊"：

（1）过度沉迷网络游戏会影响人们的学习和工作，甚至会诱发一些心理问题。

（2）网络游戏中存在着暴力等不良信息，会对青少年的身心健康造成负面影响。

（3）网络游戏还存在着诈骗、网络暴力等问题，会对人们的财产和安全造成威胁。

综上所述，网络游戏的利与弊都存在着，我们应该正确看待它，合理使用它，让它成为我们生活中的一种正常娱乐方式。

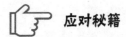
应对秘籍

完整性思维体现在以问题为导向，采用多角度的方法来整理和展开内容。这种方法有助于确保阐述尽可能全面和详尽，从而丰富文章的内容。为了实现这一目标，我们可以运用以下几种方法来梳理和完善文章。

（1）通过提问法让文章结构更加清晰。我们在写文章时，可以先写出问题，然后根据问题，展开相应的内容。这样能使文章更加有针对性，同时也能更清晰地阐述观点。

（2）运用新思维来组织文章内容。在组织内容时，我们可以从自己的视角或经验出发，也可以从读者的角度出发。然后再把这些观点综合起来，以一种更加全面的视角来阐述文章内容。

（3）通过列大纲的方法来梳理文章结构。

4.1.2　怎样能把观点写全面

撰写文章时，常在开篇明确基本观点。然而，在详细阐述时，有时难以全面展开每个观点，这时需运用完整性思维，确保文章中的所有观点都得到充分表达。

场景重现

小刘最近写的文章受到了领导的表扬，这篇文章内容丰富，观点齐全，正反例子运用恰当，领导让小刘给部门的其他同事讲解一下写作经验。

小刘：其实我一开始写文章的时候，会产生很多想法。如果把这些想法都写进去的话，不但太多，而且会让结构混乱，没有主次，但是如果不写的话，又觉得对文章阐述得不全面，有所缺失，让文章内容略显单薄。

后来我就学会了用问题来组织文章。用问题来组织文章有很多好处，因为它可以帮助我们从一大堆想法中，找到最主要的想法。

在我自己写作时，我通常会先列出一些问题，然后再围绕这些问题来组织文章内容。比如，我要写一篇关于写作技巧的文章。那么我可能会先问自己："如果让你来写这篇文章，你会怎么写？"然后再根据自己的想法来写。

这样做有两个好处：首先，可以避免掉入"只讲了一半"的陷阱；其次，也能让读者更好地理解你想表达的意思。

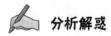 **分析解惑**

小刘：为什么会出现观点写不全的情况？

华姐：很多人在写文章时，都不会列思维导图，因为他们会觉得这样很麻烦，还很浪费时间。事实上，思维导图能够帮助我们把文章内容组织起来，使其更加清晰、易懂。思维导图不仅是一种笔记工具，还是一种思考工具。在写文章前，用思维导图的形式来梳理一下自己的思路，是一种协助行文的有效方式。一般情况下，一篇文章只需要一个主题。但是有时，我们可能会因为一个主题不够全面或者是想要表达更多观点等原因，而需要对主题进行补充和完善。例如，如果我们正在讨论环保问题，主题可能是"减少塑料的使用对环境的益处"。在这个主题下，我们可能会探讨不同的小主题，如"塑料对海洋生物的影响""替代品的可行性"以及"政策法规的作用"，但这些小主题都应该围绕着中心主题展开。如果我们不小心引入了完全不相关的主题，如"城市交通规划"，那么文章就会显得杂乱无章，让读者感到困惑。

小刘：写文章之前，是否需要了解相关的背景知识呢？

华姐：把相关领域的知识添加到自己的知识体系中去，能够丰富文章内容。但要注意，在行文时，我们需要将其与文章内容进行巧妙融合。

 **改后材料**

电子烟——有害还是有利？

近年来，电子烟作为一种新型的替代传统香烟的产品，受到了越来越多人的关注……

一、电子烟的优点

1. 降低吸烟危害

2. 减少烟草燃烧

3. 方便携带

二、电子烟的缺点

1. 不清楚电子烟对健康的影响

2. 存在安全隐患

3. 液体成分存在不确定性

综上所述，电子烟具有一些优点，如……，但是也存在一些缺点，如……

要确保写全一篇文章的观点，可以遵循以下几个步骤。

（1）确定文章主题和目标。确立文章的中心思想和目标至关重要。一旦对主题和目标有了清晰的认识，就可以针对性地收集和筛选信息，保障文章内容的全面和连贯。

（2）收集和整理相关信息。可以通过查阅资料、采访专家、观察现象等方式来获取信息，然后将信息分类整理，分析归纳出相关的观点和思路。

（3）列出正反两方面的观点。在整理信息的过程中，需要列出文章中所要表达的正反两方面的观点。

（4）进行观点的梳理和排序。可以根据文章的主题和目的，将相关观点进行分类和排序，以保证文章的逻辑性和条理性。

（5）给出具体的论据和例证。可以通过引用数据、事实等方式来证明观点的正确性，从而进一步增强文章的完整性。

4.2　逻辑性思维，把观点写顺

文章要注意逻辑性意味着文章中的观点应该是明确的、相互关联的，并以合理的顺序呈现，每个观点都要有充分的论据支持，并通过正确的推理过程形成，最终使得整篇文章的论述紧密相扣、前后一致，向读者展现一个清晰且具有说服力的论证过程。

4.2.1　避免观点各自为政

在公文写作过程中，写作人员应该充分思考和分析文章的结构与逻辑关系，确保文章的观点具有合理性、连贯性和条理性。同时，写作人员应该避免受个人情绪和偏见的影响，保持客观、理性的态度，以确保文章的准确性和可信度。

 场景重现

小刘最近写了一篇关于电子商务的文章，希望能够得到领导的认可。然而，当他提交文章给领导审阅之后，却被批得体无完肤。

领导：小刘，你的文章体量大、内容全，但却毫无逻辑性，观点混乱，让人很难理解你的立场和意图。

领导拿起小刘的文章，指着其中的一段说道："你看这一段，你在讲述电子商务的优势和缺点，但是你没有明确表述你的立场。你既没有说电子商务是好的，也没有说它是坏的，让人不明白你究竟要表达的观点是什么。"

领导又指着另外一段说道："再看这一段，内容层次混乱，没有连贯性。你前面还在讲述电子商务的前景，后面却突然跳到了电子商务风险，这让人很难理解你的思路到底是怎样的。"

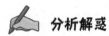 **分析解惑**

华姐：你的文章看似很全面，但是这些观点凑在一起，却不像"一家人"，而是各自为政，内部之间毫无关联，让人看了不知所云。

例如，一篇文章的主旨是"运动对身体健康有益"，但在文章中，作者先是介绍了一些与运动相关的科学研究，然后又谈到了自己的亲身经历和感受，最后又列举了一些教育、社会和文化因素的影响，但就是没有提到运动对身体健康的有利之处。读者看完这样的文章，完全不知道这篇文章的究竟要表达的核心观点是什么。

在文章中，作者没有充分地阐述和论证自己的观点，而是把注意力分散到了其他方面，导致文章的主题和立场不够明确和突出。此外，文章中的论据也不够充分和有力，无法支持作者的观点，降低了文章的逻辑性和可信度。

即使一篇文章内容再丰富详尽，但如果缺乏逻辑性，最终只会显得冗杂混乱，难以吸引读者的阅读兴趣。

 **改后材料**

电子商务的优势与缺点

随着信息技术的发展，电子商务已经成为商业活动中不可或缺的一部分。电子商务的优势和缺点如下。

优势：

首先……

其次……

最后……

缺点：

首先……

其次……

最后……

综上所述，电子商务具有降低成本、提高效率和拓展市场等优势，但同时存在安全风险、信任问题和法律风险等缺陷。因此，在进行电子商务活动时，商家需要充分了解和遵守相关法律法规，同时加强安全防范和信任建设，以实现电子商务的可持续发展。

 应对秘籍

当一篇文章的观点毫无逻辑时，我们可以采取以下措施来对其进行纠正。

（1）明确核心论点。重新审视文章的主旨，确立一个清晰的中心观点或主题，并确保全文围绕这一核心展开，避免无关内容的干扰。

（2）构建逻辑框架。利用提纲或思维导图等工具来组织文章结构，确保各个部分之间存在合理的顺序和逻辑关系，如因果、对比、递进等，从而使文章的论述更加条理清晰。

（3）提供充分论据。对文章中每一个观点进行检查，确保有充足的证据或论据支撑，同时删除任何无法得到支持的断言，增强文章的说服力和逻辑严密性。

4.2.2　怎样确保观点的逻辑性

为了确保文章观点的流畅性，重要的是以问题为起点，采用逻辑推导与证据分析来形成结论，并在写作中恰当地安排和呈现这些结论，以维持文章的逻辑连贯和条理清晰。

场景重现

小刘是一位年轻职场新人，他一直在尝试写出一篇有深度、逻辑性的报告，以证明自己的工作能力和思维水平。这天，他接到了某个项目的任务，需要在短时间内撰写出一份有关该项目实施方案、预算、进度、可持续运营建议等在内的综合报告。

小刘非常努力地展开了工作，加班加点，熬夜写作，到第二天凌晨终于完成了这份报告。

可当他提交这份报告给他的领导时，却被领导批评了，领导认为他的这份报告毫无逻辑性可言。

小刘感到十分沮丧和失落，他曾经以为这份报告可以证明自己的能力和实力，但结果证明他的想法大错特错。

为了改变这种情况，小刘找到华姐请教。

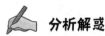 **分析解惑**

小刘：华姐，我写了一份报告，领导说我写的公文观点之间毫无逻辑。你能给我一些建议吗？

华姐：当然可以。你需要知道，写一份报告，仅仅靠语言和文字堆砌是不够的。首先，你需要构建一个清晰的逻辑框架来组织你的观点和内容。这意味着你需要先明确报告的主旨，每个部分都要支持这个主旨。其次，为每一个论点找到合适的论据，并排列它们，以确保它们之间的逻辑顺序是通顺的。此外，确保使用合适的过渡语句连接各个段落，使读者能够顺畅地跟随你的思路。最后，反复审读你的报告，检查是否有任何逻辑跳跃或不一致之处，并进行相应的修正。这样，你的报告就更有可能得到领导的认可。

这是撰写报告时需要注意的三个基本要点。然而，创作一个具有逻辑性的报告还涉及更多的细节。例如，通过广泛阅读高质量的报告案例和模板，分析并识别它们的优势，然后学习并应用这些优点在自己的写作中。坚持不断地阅读和撰写价值高的文稿，将显著提升写作技能和水平。

 改后材料

关于××事宜的进展汇报材料

根据最近统计数据，我们公司的市场份额和销售额都在不断下降。此外，我们采用的广告营销策略与竞争对手存在重复，没有新颖性。因此，我建议我们对营销策略进行重新评估，并考虑增加新的亮点，以提高公司的竞争力。

首先，我们需要重新审视目标客户群体，了解他们的需求和偏好。其次，我们应该关注市场上的新趋势和流行趋势，并结合我们的产品线来推出新营销计划。最后，我们需要持续不断地进行市场调研和数据分析，以便及时地调整我们的营销计划。

从中长期来看，这些措施将会帮助我们重塑市场形象，提高市场份额和销售额。但我们需要及时行动，并付诸实践。因此，我建议我们尽快召开会议，讨论并制定新的营销计划。谢谢。

落款：

应对秘籍

要用逻辑性思维把一篇文章的观点写顺，可以按照以下步骤进行。

（1）列出关键论点。在确定了文章的主题和立场之后，需要列出一些关键论点，这些论点可以帮助支持作者的观点，并帮助读者理解文章的立场。这些论点应该是有逻辑性和连贯性的，可以通过逻辑推理和归纳法得出。

（2）收集证据和数据。在列出了关键论点之后，需要搜索和搜集相关的证据和数据，以支持这些论点。证据和数据应该是准确、可信和有力的，可以通过学术文献、调查和采访等方式获得。

（3）组织文章结构。在收集了足够的证据和数据之后，需要组织文章的结构，确保文章的逻辑性和连贯性。文章的结构可以采用逻辑顺序、时间顺序、比较和对比等方式，以表达作者的主题和立场。

4.3　层次性思维，把观点写清

层次性思维是一种将复杂信息按重要性或相关性分级的方法，便于更深刻地理解和处理信息。这种思维方式涉及将信息分门别类、建立层次结构，并通过逐级深入的分析和理解来处理信息。层次性思维广泛应用于教育、科学、工程和管理等多个领域，有助于人们在面对复杂信息时作出更明智的判断和决策。

4.3.1　为何观点毫无层次性

在写作过程中，我们常常会遇到这样的问题，写了很多内容，却发现这些内容全堆在一起，毫无重点，感觉所有内容都重要，但好像又都不重要。这样的问题虽然不少，但也并非没有解决办法。如果我们在写作之前，先进行层次性思维的训练，把文章内各观点都写得清清楚楚，那么自然就会知道该如何表达。

　场景重现

小刘在写文章时，经常会遇到这样的问题，一篇文章写下来，内容虽然写了很多，但却没说出个重点，因此总是被领导批评文章没有找到主题。

领导给小刘打了个比方：一位妈妈带着孩子去幼儿园，孩子在幼儿园门口不停地哭，怎么哄都没用，妈妈很着急。这个时候该怎么办呢？首先当然是应该先了解一下孩子为什么哭。一是有可能太累了，所以不想去；二是有可能被老师批评了；

三是也可能身体不舒服；等等。

　　领导：小刘，写文章就如同上面的妈妈和孩子一样。当我们遇到一件事情的时候，我们应该先了解这个事情的前因后果和逻辑顺序。如果在之前就着急想着解决问题，就很容易让我们把简单的事情变复杂了。

　　领导：当你了解完事情之后，再根据这些信息去作判断，你写出的文章才会更加准确。

 分析解惑

　　华姐：尽管想要在文章中表达众多观点，实际写作时却常常发现内容缺乏深度，表述平淡无奇。这通常是由于未能进行逻辑上的梳理，各个观点没有得到清晰的阐述。写作前，应首先明确自己的观点，然后根据这些思考进行写作。

　　要改善这个问题，首先要做的就是规划文章的结构，决定引言、正文和结论各部分如何分配观点和内容。然后，在正文中，将不同观点分解为若干段落，每段专注于一个子观点，并提供相应的支持细节或例证，确保这些子观点相互之间逻辑清晰、相互支持。这样，整篇文章就会有明确的层次和条理，读起来也更加流畅和有说服力。

　　当我们用层次性思维来写文章时，可以按照"是什么、为什么、怎么办"3 个维度来写，这样才能把观点写得更清楚，让读者理解起来也更加容易。

　　是什么：首先，在我们讨论问题之前，应该先明确这个问题的背景。其次，这个问题是已经被解决了吗？如果是，我们可以说"我们之前所做的事情已经解决了"；如果不是，那么我们就可以提出我们的解决方案。

　　为什么：在我们确定了解决方案之后，接着就是分析为什么要这样做。比如：有人想要减肥，但又担心反弹；有人想要学习英语，但又担心自己坚持不下去……针对这样的问题，我们可以提出 3 个解决方案。

　　怎么办：当我们想好了 3 个解决方案之后，就要开始实施这 3 个解决方案。在实施过程中，可能会遇到一些问题、障碍或阻碍。这时候就可以通过列清单的方式来把这些问题记下来。这样我们在写作的时候也能清晰地知道自己在写什么、哪里需要修改。

 改后材料

如何提高学生的学习效率

　　学习是每个学生必须面对的任务，但是如何提高学生的学习效率一直是一个重要的问题。以下是我总结的几点。

（1）分层次思考。（略）

（2）课堂学习。（略）

（3）个人学习。（略）

（4）学习环境。（略）

（5）整体把握。（略）

（6）清晰明了。（略）

通过以上的层次性思维分析，我们可以清楚地看到如何提高学生的学习效率，帮助学生更好地掌握知识，实现学习目标。

应对秘籍

为了有效地应用层次性思维于公文写作，了解其主要特征是关键。层次性思维主要特点包括：将信息按重要性分级，清晰划分不同层次的概念，并通过分层分析加深信息理解和处理。这种思维方式有助于在撰写公文时，系统地组织内容，清楚地传达关键信息。

（1）分层次思考。将复杂的信息分解为不同层次的概念，从而更好地理解和处理信息。

（2）逐层分析。对每一层次的信息进行逐层分析，深入理解每个概念的内涵和外延。

（3）整体把握。在逐层分析的基础上，将各个层次的信息整合起来，形成一个完整的概念体系，以便更好地理解和处理信息。

（4）清晰明了。层次性思维要求我们对信息进行分类和归纳，从而使信息更加清晰明了，易于理解和记忆。

4.3.2 怎样做到观点层次分明

大家可能都经历过这样的情况：在表达一个观点时，可能会不经意间偏题，使文章变得像讲故事一样；或者在试图阐释一个观点时，文章显得肤浅，缺乏深度，没有清晰的结构。这些问题往往出现在未能依照逻辑顺序组织思路时，导致读者在阅读时感到迷惑。

场景重现

某天，小刘在写一篇主题是"年轻人不该被物质迷惑"的文章。但他却用了这样一句话来表达：现在的年轻人太浮躁了，很多人都被物质迷惑了双眼，变得浮躁、没有毅力和恒心。

但领导却指出他这句话显得有些笼统和空泛。因为这句话没有明确地表达出"现在年轻人的问题是什么？"也就是："现在年轻人应该怎么做才能真正地解决问题？"

领导：用一句话来表达观点时，我们就需要去分析问题。比如"年轻人不该被物质迷惑"这个主题，它到底是在表达什么观点呢？

所以说，分析问题是第二层。当你把主题、论点和论据都确定下来之后，接下来就要分析这个问题是怎么产生的："为什么现在的年轻人会有这样的现象呢？""是因为现在的年轻人有什么特点吗？""我们又该如何解决这个问题呢？"这样一层一层地去分析下去就可以了。你会发现，其实很多问题都是由一开始的原因造成的。

 分析解惑

小刘：华姐，怎样做到写文章观点层次分明，养成用层次性思维布局全篇文章呢？

华姐：可以采用层次性思维训练的方法，具体如下。

（1）把文章内各观点按照一定的逻辑关系排列成金字塔结构，从上到下逐步展开说明。也就是说，先把自己想到的观点都写下来，然后再按照时间先后顺序排列。

（2）在构思写作时，可以使用不同颜色的笔来标记文章的主要观点，将它们区分成几个部分，再根据一定的逻辑关系进行排序。例如，假设文章包含四个要点：不要盲目跟风、坚持自我、敢于尝试、勇于承担。可以将这些观点划分为三个主题板块：第一是独立思考，即不要盲目跟风；第二是勇于探索，涵盖敢于尝试和勇于承担；最后是真诚自我，也就是坚持自我。通过这种方式，可以确保文章的内容有序并且逻辑清晰。

（3）在写作过程中可以先写一个小标题，然后再按照一定逻辑顺序写下其他内容。例如，先写第一点内容"不要盲目跟风"；再写第二点内容"不要害怕失败"；第三点内容"要勇于迎接挑战"；最后写第四点内容"要勇于承担"。

 改后材料

2021 年度工作述职报告

尊敬的领导、各位同事：

我是××部门的××，今天非常荣幸地向大家汇报我2021年度的工作情况。以下是我总结的几点。

（1）分层次思考。（略）

（2）工作目标。（略）

（3）工作内容。（略）

（4）工作成果。（略）

（5）整体把握。（略）

（6）清晰明了。（略）

在 2021 年度的工作中，我始终秉持着诚信、责任、创新和团队合作的原则（略）。谢谢大家！

应对秘籍

如何运用层次性思维把观点写全呢？有以下几个方法。

（1）自上而下，逐层展开。在文章的开头，先抛出中心论点，然后按照一定的逻辑关系逐次展开说明，最后结尾处再次进行总结。这样做可以让读者更容易理解和接受自己的观点。

（2）采用总分或分总式结构。在文章的开头，先用总括句引出中心论点，再用 3 个分论点说明中心论点，最后再进行总结。在文章中采用总分或分总结构来说明观点，可以使文章思路清晰、条理分明、层次分明、重点突出。

比如，在文章的中间部分，先列出几个分论点，然后按照一定的逻辑关系，逐一进行说明。这样做可以让文章条理分明、层次清晰。

4.4 结构性思维，把观点写完

在写作中，我们可能会有这样的感觉，明明自己的观点已经讲得很清楚了，但就是不知道该如何把观点讲出来，才能让别人接受。这是因为我们在写作中缺乏结构性思维的能力。我们的思路是零散的，没有系统化的逻辑结构，所以在写作中就会出现问题。

4.4.1 如何进行观点排序、信息分类

结构性思维就是对信息进行组织和梳理后所形成的系统结构。这种结构会使信息更有条理性。运用结构性思维去写文章时，可以让我们把观点讲清楚，同时也让读者更容易理解和接受。

 **场景重现**

小刘写文章有个毛病，不是先捋清思路，而是想到什么就写什么。这种无目的写作往往会导致文章的观点不完整，甚至还会出现一些逻辑上的混乱，严重影响文章的质量。

以下是他写的一篇调研报告。

关于××资源环境利用情况的报告

1. 研究目的和背景

2. 研究方法和数据来源

3. 概述研究结果

4. 气候和降雨情况

5. 水资源状况

6. 土地利用情况

7. （略）

 分析解惑

华姐：写文章时，我们要运用结构性思维去构思文章，只有这样才能把观点写得更完整，更具说服力。

如何才能做到这一点呢？有以下3个方法。

（1）使用金字塔原理。金字塔原理是一种非常实用的逻辑思维方法，它通过分解复杂问题，层层深入地进行思考和表达。在文章写作时，可以将主要观点放在最上面，然后往下一层一层地排列下去。

（2）使用MECE原则①。MECE原则是指不重复、不遗漏地表达自己的观点。也就是说在表达观点时，要做到每一个观点都能独立地证明自己的观点。

（3）使用主题句。主题句是文章的灵魂，它就像一面旗帜，指引着文章的方向和重点。因此在写文章时要学会使用主题句，使读者能够更容易理解你所要表达的观点。比如，在文章段落中，可以用"我认为……"来作为主题句，然后按照一定的逻辑顺序依次展开论述。

写作是一项长期主义的事业。通过以上3个方法去构思和表达文章，就能把文

---

① MECE，即Mutually Exclusive Collectively Exhaustive，中文意思是"相互独立，完全穷尽"。也就是对于一个重大的议题，能够进行不重叠、不遗漏的分类，而且能够借此有效把握问题的核心，并解决问题的方法。

章的观点写得更加完整，也更有说服力。

 改后材料

关于××资源环境利用情况的报告

一、简介

1. 研究目的和背景

2. 研究方法和数据来源

3. 概述研究结果

二、生态环境状况

1. 气候和降雨情况

2. 水资源状况

3. 土地利用情况

4. 生物多样性状况

三、生态环境问题分析

1. 水污染

2. 土壤污染

3. 大气污染

4. 生物入侵问题

5. 生态系统退化问题

四、生态环境保护建议

1. 加强环保法律法规的执行

2. 推行生态补偿制度

3. 加强环保宣传教育工作

4. 推广绿色生产方式和生活方式

5. 加强生态环境监测和数据共享

五、结论与建议

1. 总结研究结果

2. 提出解决生态环境问题的具体建议

3. 展望未来的生态环境发展趋势

六、参考文献

以上是一份生态调研报告的结构性思维，可以根据实际调研情况进行适当的调整和修改。这样的结构能够使报告更加清晰明了，易于理解和记忆。

👉 **应对秘籍**

在写文章时，可以使用以下方法，确保观点更完整。

（1）提炼关键词。在搭建框架时，可以用两个或三个关键词来概括一篇文章的主要内容。比如，以《在互联网时代如何赚钱》为例，可以用"互联网时代""赚钱"这两个关键词来概括一篇文章。在每个关键词下面，都可以列出相应的几个分论点。

（2）确定逻辑关系。分论点之间要有一定的逻辑关系，可以是递进关系，也可以是并列关系。

（3）做到层次分明。在搭建文章框架时，要注意逻辑层次要清晰，每一层都有对应的内容。如果需要进一步展开说明内容，就需要在每一层内容后面加上具体的案例来支撑。

（4）运用过渡和衔接。搭建框架时要注意各部分之间的衔接和过渡。如果没有过渡，就会让人觉得很突兀，没有头绪和逻辑。如果衔接不好，则会给人一种不连贯的感觉，甚至会让人感到混乱或产生误解。

4.4.2　总结归纳：结构性思维的 3 个步骤

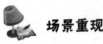 **场景重现**

在运用结构性思维去写文章时，要让文章更具条理性，就要注意填充内容。所谓填充内容，就是对观点进行补充和说明。

比如，为了说明"没有思考就没有进步"这一观点。在论证这个观点时，小刘可以对这个观点进行补充说明，如可以从学习方法、阅读方法、思维方法、阅读习惯、认知方式等方面来说明。

如果想要让文章更有吸引力，还可以对这个观点进行补充说明，比如可以从学习的态度、学习的效果等方面来补充说明。

在运用结构性思维去写文章时，最重要的是要围绕中心去展开思考。文章要有主题和中心思想，并且要围绕这个中心去展开内容。在写文章时，也要注意分层次进行阐述。

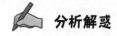 **分析解惑**

华姐：写作中，要想把观点写完整，就要做到前后一致、逻辑清晰，把所有的信息都按照一定的逻辑结构组织起来。文章中的信息有两种，一种是观点，另一种是内容。而观点和内容也是相辅相成、密不可分的。观点就是我们要表达的中心思想，一个观点也可以同时体现在内容中。文章中有了观点，也就有了主题或主题句。有了主题句，就可以从多个角度、多个层面来对中心思想进行阐述和说明。

写一篇文章时，我们需要先确定主题句和中心句。然后从多个角度来阐述自己的观点，也可以根据自己的需要选择一个切入点来阐述观点。在写作中，我们可以根据文章的内容和需要来选择一个切入点去阐述观点，但始终要围绕主题进行叙述和论证。文章中所有的信息都要紧紧围绕主题进行组织和说明，不能有任何遗漏和偏差，这样我们就可以把自己的观点写得更完整、更清晰了。

 改后材料

关于××市干部作风的讲话

一、问题出在什么地方？

一是标准太低。二是缺乏责任感。三是缺乏优质的服务。四是工作的成效不够。五是工作没有落实到位。六是身体素质较差。

二、我们工作的目的是什么

我们把工作任务归结为"三快一降"：一是要加快发展我们的经济。二是为企业提供快速的服务。三是要做好服务群众的工作。四是要减少投诉数量。

三、今后我们要做什么

一要动身。二要脚踏实地。三要有胆量去比较。四要做好充分的准备。

上述演讲材料，围绕"问题何在""目的何在""我们怎么干"3 个方面，对干部队伍的能力作风展开了深刻的分析，并提出了自己的努力方向和改进措施。上面的讲话其实就是一个"是什么""为什么""怎么样"的"三段论"的框架。

👉 **应对秘籍**

如何运用结构性思维把观点写完呢？有以下几种方法。

（1）明确主题。首先需要明确文章的主题，即要表达的观点是什么。可以通过主题句来概括文章的主题，使读者一目了然。

（2）分层次思考。在明确主题的基础上，需要将文章分解为不同层次的概念，包括段落和句子等。每一层次的概念都应该与主题密切相关，它们之间应该有明确的逻辑关系，使文章的结构更加清晰明了。

（3）逻辑关系。在文章中采用不同的逻辑关系，如时间、因果、对比等，使文章更具逻辑性和说服力，让读者更容易理解和接受作者的观点。

（4）提供论据。在论述观点的过程中，需要提供充分的论据来支持自己的观点，使文章更具说服力。论据可以是事实、数据、案例等，需要与主题紧密相关，逻辑清晰。

（5）重点突出。在文章的写作中，需要突出重点，可以通过加粗、斜体、加引号等方式来突出重点，增加读者关注度，让读者更容易理解和接受观点。

第 5 章

以"框"定形

5.1 法定公文的撰写与范本

法定公文是根据法律规定,由政府机关、司法机关、行政机关等发布的具有法律效力的文件。法定公文通常包括通知、命令、公告、决定、决议、法令等。撰写法定公文需要遵守一定的格式和规范,并确保内容准确、明确。

5.1.1 决议

决议是指机关或组织就某一具体问题达成的共识或决心,一般由领导或主持人主持会议后,经过会议成员表决通过,最终形成。通常情况下,决议的内容应当具有明确性、针对性和实际可行性,能够引导相关人员按照决议的要求开展工作。

 分类

决议可分为会议决议和机关决议。

(1)会议决议。主要用于党的领导机关,如党的代表大会、党的委员会、常务委员会等,各级大会通过会议形式,对某一重要事项作出决定,因此会议决议的主要内容为就"如何做"提出意见、建议和要求。

(2)机关决议。由政府机关、行政机关或其他官方组织制定的,它涉及更为正式的法律、政策或行政决策。机关决议有可能是对法律、规章或政策的公布、修订或废止。这类决议具有较高的权威性,并且对相应的管辖区域或管理对象有明确的约束力。

 特点

决议的特点和要点如下。

（1）决议事项。决议应明确具体的事项，包括决议的主题、议题、目标等。

（2）决议内容。决议应明确表达对事项的决定、决心或决策。内容应清晰、简明，避免模糊或含糊不清的表述。

（3）决议结果。决议应明确表达决议的结果和决定的执行措施。结果应具体、可操作，且便于实施和监督。

（4）决议依据。决议应明确说明决议的依据法规、会议记录、研究报告等，确保决议的合法性和合理性。

（5）决议效力。决议具有一定的约束力和指导性，要求相关单位或个人按照决议的要求执行，并对执行情况进行监督和评估。

 写作要求

决议一般由标题、主送机关、正文和落款四部分组成。

（1）标题。由发文机关名称、会议名称和文种三部分组成，有时也可只写文种，如《中共中央关于加强社会主义精神文明建设若干重要问题的决议》。

（2）主送机关。在正文之前，以冒号"："分隔，表示主送机关为会议的召集人。

（3）正文。决议的正文，一般由开头、主体和结尾三部分组成。①开头。要写明会议名称，对会议进行简要的回顾和总结，并提出今后的任务和要求。②主体。决议的主要内容，由几个方面组成。③结尾。一般用"决定""原则""意见"等形式表述。④落款。落款表明了该决议是由哪个机构或哪些人作出的，以及决议的生效日期。

👉 **案例模板**

标题		关于建设××的决议
成文日期		（××××年××月××日××会议通过）
正文	开头：决议根据	××市××镇党委政府在"×××"精神的指导下，按照"×××"建设要求，认真研究制定了《××》。为使《××》顺利实施，特召开党委会议，就《××》的实施进行讨论，形成如下决议：

正文	主体：决议事项	第一条：××市××镇党委政府应认真贯彻执行 "××" 精神，按照 "×××" 建设要求，积极推进××建设工作。 第二条：（略） 第三条：（略） 第四条：（略） 第五条：（略） 结束语（可省略）
签署人		签署人：××市××镇党委书记、镇长等
落款日期		时间：2023 年 3 月 15 日

5.1.2 决定

决定是一种正式的公文形式，通常用于领导机关对某一具体问题作出决策、表态或指示。它是对某一问题最终的、权威的、具有法律效力的决策文件。一般情况下，决定是在经过充分调研和论证，形成明确的决策方案之后，由领导机关或主管部门签署发布的。其内容应当具有明确性、权威性和可执行性，能够引导下级单位或个人按照决定的要求进行具体的工作。

 分类

决定可以根据不同的分类方式进行分类，下面列举几种常见的分类方式。

（1）政府决定和组织决定。根据决定的颁布者，可以将决定分为政府决定和组织决定。政府决定由政府机构颁布，用于国家行政管理和决策；组织决定由各种组织、机构或团体颁布，用于内部管理和决策。

（2）行政决定和立法决定。根据决定的性质和法律效力，可以将决定分为行政决定和立法决定。行政决定是由行政机关根据授权的法律规定作出的具体事项决策，具有一定的约束力；立法决定是由立法机关根据法律程序作出的具有普遍适用性的决策，具有更高的法律效力。

（3）内部决定和外部决定。根据决定的对象，可以将决定分为内部决定和外部决定。内部决定是指组织内部对自身事务的决策，如企业内部的管理决策；外部决定是指对外部对象或公众事务的决策，如政府对国家政策的决策。

（4）临时决定和长期决定。根据决定的时间范围，可以将决定分为临时决定和长期决定。临时决定是针对特定事件或特殊情况作出的具体决策，具有时间限制；

长期决定是对长期性问题或持续性事务作出的决策，没有时间限制。

 特点

决定的特点和要点如下。

（1）明确事项。决定应明确具体的事项，包括决定的主题、议题、目标等。

（2）清晰内容。决定应明确表达对事项的决定、决心或决策。内容应清晰、简明，避免模糊或含糊不清的表述。

（3）给予结果。决定应明确表达决定的结果和决策的执行措施。结果应具体、可操作，便于实施和监督。

（4）指出依据。决定应明确表明决定的依据法规、会议记录、研究报告等，确保决定的合法性和合理性。

（5）具备效力。决定具有法律效力，要求相关单位或个人按照决定的要求执行，并对执行情况进行监督和评估。

 写作要求

决定一般由标题、正文、落款及附件四部分组成。

（1）标题。如《国务院关于加强农村土地承包管理的通知》《关于评选表彰全国劳动模范和先进工作者的决定》等。

（2）正文。决定的内容比较宽泛，在写作时要注意处理好决定和执行之间的关系，即在行文时既要明确工作目标、任务、措施，又要把决定规定的内容写清楚，做到文字精练，切忌拖泥带水，啰唆重复。

（3）落款。决定都应该有落款，写明决定的机关（单位）全称或规范化简称以及作出决定的日期。会议通过的决定既可以在标题之下写明什么时间在什么会议上通过，用圆括号括入；也可以只写明会议通过的日期，用圆括号括入，正文之后便不再需要落款。

（4）附件。附件提供额外的信息，用以解释文件的内容。

案例模板

标题	关于对优秀员工进行嘉奖的决定
成文日期	（×年×月×日××会议通过）

	开头：决定根据	鉴于某公司 2020 年度业绩取得了显著成绩，各部门在工作中也有着突出的表现。为表彰先进、激励员工，特决定对以下员工进行嘉奖：
正文	主体：决定事项	第一条：×××（职务），因其在 2020 年度工作中表现突出，多次提出创新性意见，为公司业务发展作出了重要贡献，特此嘉奖。
		第二条：×××（职务），因其在 2020 年度工作中，团队合作精神突出，积极协助同事完成工作任务，为公司的业务发展作出了重要贡献，特此嘉奖。
		（略）
		第三条：×××（职务），因其在 2020 年度工作中，工作勤奋、认真负责，在完成任务的同时，还积极探索和研究新技术，为公司技术创新作出了重要贡献，特此嘉奖。
	结尾	本决定自公布之日起生效，并由公司全体员工共同遵守。
签署人		签署人：某公司董事长、董事会成员等
落款日期		时间：××××年××月××日

5.1.3 公告

公告是各级国家机关、社会团体、企事业单位为了公布重要事项或者法定事项，而在一定范围内直接发布的具有法定效力的公文。根据发布对象的不同，可分为两种：一是下级机关向上级机关发布；二是下级机关向上级机关和不相隶属的单位发布。

 分类

公告可以根据不同的分类方式进行分类，下面列举几种常见的分类方式。

（1）政府公告和组织公告。根据公告的发布者，可以将公告分为政府公告和组织公告。政府公告是由政府机构发布的公告，通常用于宣布政策、法规或重要公共事务；组织公告是由各种组织、机构或团体发布的公告，通常用于内部通知、安排或公告事项。

（2）公共公告和内部公告。根据公告的对象，可以将公告分为公共公告和内部公告。公共公告是面向公众发布的公告，通常用于宣布重要消息、通知或公共事务；内部公告是面向内部成员或特定群体发布的公告，通常用于组织内部的通知、安排或内部事务。

（3）临时公告和长期公告。根据公告的时间范围，可以将公告分为临时公告和长期公告。临时公告是针对特定事件或特殊情况发布的公告，具有时间限制；长期公告是对长期性事务或持续性信息发布的公告，没有时间限制。

（4）官方公告和非官方公告。根据公告的权威性，可以将公告分为官方公告和非官方公告。官方公告是由政府机关或权威机构发布的公告，具有官方认可和权威性；非官方公告是由个人、组织或媒体发布的公告，可能缺乏官方认可和权威性。

 特点

公告的特点和要点如下。

（1）公开性。公告是公开发布的，旨在向公众传达信息。它不仅可以在政府机构或组织内部公告栏发布，也可以通过媒体、网站、社交媒体等渠道向公众公开。

（2）信息传递。公告的主要目的是向公众传达重要信息、通知、公共政策等。它可以涉及各种领域，如政府公告、企业公告、学校公告等。

（3）公共利益导向。公告通常是为了公共利益而发布的，旨在提供重要信息，保障公众知情权，促进社会公平、公正、公开。

（4）规范性。公告通常具有明确的格式和规范，包括标题、发布机构、发布日期、内容等。这样可以使公告更加清晰、简明，并减少歧义。

（5）时效性。公告通常是针对特定事件或重要事项发布的，因此具有一定的时效性。公告的内容和有效期限应当明确，以确保及时传达信息。

 写作要求

公告的结构一般包括标题、发文字号、正文、结束语、落款等。

（1）标题。公告的标题应简明扼要地概括公告的内容，以吸引读者的注意力。

（2）发文字号。发文字号是公告的唯一标识符，用于标明该公告的发布机构、时间和编号，以确保公告的合法性和可查性。

（3）正文。公告的正文是最主要的部分，其中包含了公告的具体内容、通知事项、政策要求等。正文应该简明扼要、清晰明了，避免使用模糊或含糊不清的表述。

（4）结束语。结束语通常用于总结公告的主旨或强调重要事项，以增强读者的印象和理解。

（5）落款。落款是公告的发出单位或个人的名称、职务、联系方式等。这些信息使读者能够知道公告的来源和负责人，以便于进一步联系或咨询。

除了这些基本格式要素，公告还可能包括其他附加信息，如附件、引用法规、有效期限等，具体要求可能因不同的发布机构或组织而有所不同。

 案例模板

关于加强垃圾分类工作的公告	标题
××市政府（2021）××号	发文字号：一般出现在标题之下
各区县政府、市政府各部门： 为全面落实垃圾分类制度，打造美丽干净的城市环境，特发出以下公告：	发文事由：公告的缘由
一、加强垃圾分类宣传教育 二、加强垃圾分类设施建设 三、加强垃圾分类管理监督	正文主体：公告的主要事项
××××××××××××× 特此公告。	结束语：一般以"特此公告""予以公告"结束
发文机关署名（加盖公章）	根据标题，可以省略
××××年××月××日	成文日期：可以编排在标题下，与发文字号合并

5.1.4　通告

通告属于周知性文种，适用于在一定范围内公布应当遵守或周知的事项。通告的使用面比较广泛，一般机关、企事业单位甚至临时性机构都可使用，但强制性的通告必须依法发布，其限定范围不能超过发文机关的权限。

分类

通告可以根据发布的目的和内容进行分类。以下是几种常见的通告分类。

（1）公告类通告。这类通告主要是由政府机关、公共机构或组织发布的，用于向公众宣布政策、规定、通知、公共事务等重要信息。例如，政府发布的公共安全通告、交通管制通告等。

（2）企业内部通告。这类通告主要是由企业、公司或组织内部发布的，用于向员工或内部成员传达公司政策、组织变动、工作安排等信息。例如，公司发出的员工福利改革通告、工作调整通告等。

（3）学校通告。这类通告主要是由学校或教育机构发布的，用于向学生、家长或教职员工传达学校的重要信息、活动安排、学术要求等。例如，学校发布的开学通告、考试安排通告等。

（4）社区通告。这类通告主要是由社区组织或居民委员会发布的，用于向社区居民传达社区活动、社区公告、社区服务等信息。例如，社区发布的社区活动通告、公共设施维修通告等。

（5）个人通告。这类通告主要是由个人或个人组织发布的，用于向特定人群传达个人的消息、邀请、寻人启事等。例如，个人发布的招领通告、招聘通告等。

 特点

通告的特点和要点如下。

（1）广泛传播。通告通常是为了将信息传递给较大的群体或公众，因此需要确保内容易于理解，且能够通过适当的渠道进行广泛传播。

（2）简洁性。通告的内容应当简明扼要，直接传达核心信息，避免不必要的细节，以便快速阅读和理解。

（3）正式性。尽管通告需要简洁，但同样要保持公文的正式性，包括正确的格式、恰当的语言风格和必要的官方标识（如机构名称、印章等）。

（4）时效性。通告通常是针对特定时间段或事件发布的，具有一定的时效性。发布者需要明确通告的有效期限，避免过期后仍然使用。

（5）指示性。如果通告中包含了具体的指示或要求，应当明确指出接收者需要采取的行动或遵守的规则。

 写作要求

通告的结构一般包括标题、正文、结尾、落款等。

（1）标题。标题一般由发文机关、事由和文种构成。比如："关于禁止生产销售使用一次性不可降解塑料袋的通告""关于加强交通安全管理的通告""关于印发《河南省大气污染防治条例》的通告""关于禁止燃放烟花爆竹的通告"等。

（2）正文。这是通告的主体部分，一般由开头、主体、结尾三部分构成。

（3）结尾。有的通告会在结尾加上语气词"特此"，表示对有关事项的进一步强调；有的会在结尾写明"特此通知""本通告自公布之日起施行"等字样；有的则直接写成"特此通知，望遵照执行"之类的结尾语句。

（4）落款。署名和时间通常写在正文右下方，落款要求写发文机关名称和发文日期。

 **案例模板**

标题		×××市人民政府关于开展××地区房屋安全隐患排查整治的通告
正文	开头	根据《中华人民共和国建筑法》《建设工程质量管理条例》和《危险性较大的分部分项工程安全管理规定》等法律法规，为加强房屋安全隐患排查整治工作，保障人民群众生命财产安全，现将我市范围内××地区房屋安全隐患排查整治工作有关事项通告如下：
	主体	一、自本通告发布之日起至 2022 年 2 月 15 日，停止一切房屋建筑施工作业（包括动土、打桩、顶管施工等）。 二、（略）
落款		××市××办公室 2021 年 3 月 15 日

5.1.5 命令（令）

命令是国家、机关、团体和个人在执行公务时发出的具有约束性的个人或单位必须执行的文书。命令分为国家公务命令和机关公务命令两种。

国家公务命令是在国家权力机关、行政机关、司法机关、军事机关和有关的人民团体发布的，要求所属人员或所属单位必须执行的公文。

机关公务命令是用于指示或要求某人或某个组织执行特定任务或遵守特定规则的正式书面指示。这些命令通常由高级官员或管理机构发布，以确保组织的顺利运行和遵守法律、政策或规定。

 分类

命令（令）的类型较多，最常用的有以下几种。

（1）发布令。用于公布行政法规和规章的文件，由正文及附件组成，附件即应公布的法规或制度、规章。

（2）行政令。用于宣布施行重大强制性行政措施的命令。行政令包括嘉奖令和任免令。

① 嘉奖令。用于嘉奖有关人员的命令，包括授勋令，这类命令一般也称为通令。

② 任免令。用于人事方面任免人员的命令。

特点

命令（令）的特点和要点如下。

（1）具有强制力。命令是行政机关对特定对象下达的指令，具有强制性质，被命令的对象必须遵守，否则将面临法律制裁。

（2）对象具体明确。命令的对象通常是特定的个人、组织或地区，其范围具有明确性和特定性。

（3）时效性强。命令的发布通常是为了解决某些紧急、重要或特殊的问题，具有时效性和紧迫性，需要及时执行。

（4）内容具体明确。命令的内容通常是具有明确性和具体性的，包括了特定的行为、时限、标准和要求等。

（5）适用范围有限。命令的适用范围通常是有限的，只针对特定的对象或地区，不具有普遍适用性。

写作要求

命令（令）的结构一般包括标题、正文、生效日期、落款等。

（1）标题（发文机关标志）。简明扼要地概括命令的主题和内容，通常位于命令正文前面。

（2）正文。分为命令的背景、目的、内容、要求和实施等几个部分，语言应简练、明确。

（3）签署。命令必须由行政机关的主管领导或授权代表签署，并注明签署时间和地点。

（4）生效日期。明确命令的生效日期，以便执行和遵守。

（5）命令的附加文件：可包括相关的附件、表格、图表、图片等资料，以便于读者更好地理解和执行命令。

（6）编号。命令应该有独立的编号，以便于管理和查阅。

案例模板

××××××令	发文机关标志：发文机关＋令
（第×××号）	令号：不编虚位

根据（法律、法规或领导要求），为了（背景），（行政机关名称）决定： 一、（命令的目的和内容） 二、（命令的要求） 三、（命令的实施） 特此命令。	正文：不同类型命令写法差距很大
××××（签名章）	签发人职务和签名章
××××年××月××日	成文日期

5.1.6 公报

公报也称新闻公报，是党政机关和人民团体公开发布重大事件或重要决定事项的报道性公文，是党和国家经常使用的重要文种。

 分类

根据不同的目的和内容，公报可以分为多种类型。

（1）新闻公报。这种公报主要是针对新闻事件的报道，要求具备新闻的及时性和真实性。新闻公报一般都是在事件之后进行发布，主要用于告知公众关于重大新闻事件的情况。

（2）行政公报。这种公报主要是对行政、管理、法规方面的一些信息的发布。比如，行政公报可以用于公布政策、公示行政处罚、发布具体实施细则等。

（3）科研公报。这种公报主要是记录科研成果、专利情况以及对行业或领域新发现的成果进行发布。比如，关于某种科技研究成果的成果公报。

（4）企业公报。企业常常会发布与其业务相关的公报，如公司融资公告、股东大会公告等。

 特点

公报的特点和要点如下。

（1）权威性。公报由政府机关发布，是国家法律、法规和政策的延伸和补充，权威性比新闻报道更高。

（2）时效性。公报是突发性事件或重大问题的报道，必须及时发出，不容迟延。

（3）公开性。公报作为一种重要的文种，向社会公开发布，具有公开性和广泛性，任何人都可以阅读。

（4）群众性。公报的内容对广大人民群众有一定的吸引力和感染力，而且是用最通俗的语言和群众喜闻乐见的形式来宣传报道，更容易为群众所接受。

 写作要求

一份完整的公报应该包括以下几个部分。

（1）页眉。包括公报的名称、发布日期和公报编号等信息。

（2）标题。公报的标题一般由事由和文种构成，如《××市××年国民经济和社会发展统计公报》《中国共产党××届中央委员会第××次全体会议公报》等。

（3）正文。公报的正文内容非常多，主要是对相关问题进行全面且详细的表述，常见的有分段式、序号式、条款式等写法。分段式写法即每段说明一层意思或一项决定；序号式写法多用于内容复杂、问题头绪较多的公报；条款式写法则多用于联合公报。

（4）发文单位。公报发布的主体单位。

（5）署名。公报内容的起草人或审核人、发文单位相关人员署名。签署联合公报需要在正文之后写明联合签发人的职务、签字、成文日期和签字地点。

 案例模板

2021年上半年××海洋经济统计公报	标题
（××××年××月××日）	成文日期
为了全面、准确地向社会公布××市海洋经济的发展情况，特发布2021年上半年××海洋经济统计公报。	正文开头：背景介绍
1. 海洋产业总体表现 2. 海洋科技创新 3. 海洋环保 4. 海洋法治建设 2021年上半年，××市深入推进了海洋法治建设。全市海洋执法人员达到1000人以上，海洋执法力度加强，有效维护了海洋生态环境和海洋经济秩序。	正文主体：条例式内容

职务（签字） 职务（签字）	签署人：联合公报需要在正文之后写明联合签发人的职务、签字、成文日期和签字地点
××××年××月××日与（签字地点）	成文日期与签字地点

5.1.7 意见

意见是指以征求意见、提出建议、反映情况、发表看法等为主要内容的文书，是表达个人或团体观点、意见和建议的一种书面形式。

 分类

根据不同的目的和内容，意见可以分为多种类型。

1. 按颁布部门分类

中央意见：由中央颁布的举国之意，其影响范围最广，一般对全国的某一特定问题作出规划和部署。

地方意见：由地方政府或行政机关颁布的针对一些具体地方性问题的规划建议。

2. 按性质分类

立法意见：针对立法过程中的一些问题提出的建议和对立法的指导。

政策性意见：针对一些具体的问题提出的行政性意见，一般由政府部门或者行政机关颁布。

3. 按权力范围分类

上级意见：由上级机关或者领导机关颁布，其权力普遍较大，需要在下级单位和机关内部执行。

同级意见：同级机关或者部门内部颁布，权力范围普遍较小，一般由局部人员执行。

4. 按作用方式分类

总体性意见：对一个大型问题进行整体性的规划和部署。

专业性意见：对某一个专业领域内的问题提出具体的建议和指导。

 特点

意见的特点和要点如下。

（1）主观性。意见是表达个人或团体观点、意见和建议的一种书面形式，不同人的意见可能存在差异。

（2）针对性。意见通常是对某个问题或事物提出的具体建议或看法，需要有针对性和实际性。

（3）建设性。意见不仅要指出问题，还要提出解决问题的具体建议和方案。

（4）时效性。意见通常是在某个时间点提出的，需要及时反映当时的情况和问题。

 写作要求

一份完整的意见应该包括以下几个部分。

（1）标题。简明扼要地表达提出意见的主题或内容。

（2）主体部分。包括提出问题、阐述意见、提出建议和方案等。

（3）结论部分。总结提出的意见和建议，并表达期望得到回复或采取行动的态度。

（4）日期和署名。表明提出意见的时间和单位或个人的名称。

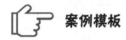 **案例模板**

标题		关于对××问题的若干意见
发文字号		国发【】×号
主送机关		×××××××
正文	开头	我们注意到，××问题已经严重影响了企业的正常生产和发展。针对这一问题，我们提出以下意见和建议：
	主体	1. 建立完善的监控系统，及时发现和处理问题。 2. 向相关部门反映问题，要求加大执法力度，严惩违法行为。 3.（略）
	结尾	我们希望您能够认真考虑我们提出的意见和建议，并及时采取有效的措施，解决企业面临的问题，保障企业的正常生产和发展。
落款		×××
落款日期		××××年××月××日

5.1.8 通知

通知通常是下行文，是运用最为广泛的一种公文。通知是适用于批转下级机关的公文，是发布党内法规、任免人员、传达上级机关的指示、转发上级机关和不相隶属机关的公文，是传达和发布要求下级机关办理和需要有关单位周知或者执行的事项等的公文。

 分类

根据不同的目的和内容，通知可以分为多种类型。

（1）根据发布机构分类。根据通知的发布机构可以分为政府通知、企事业单位通知、学校通知等。

（2）根据发布对象分类。根据通知的发布对象可以分为内部通知和外部通知。内部通知是指面向内部员工、成员或组织内部的通知；外部通知是指面向外部人员、组织或公众的通知。

（3）根据通知内容分类。根据通知的内容可以分为重要通知、紧急通知、会议通知、活动通知、规章制度通知等。

（4）根据发布方式分类。根据通知的发布方式可以分为书面通知和口头通知。书面通知是通过书面文件、公告、网站、邮件等方式发布的通知；口头通知是通过口头沟通、电话、会议等方式发布的通知。

（5）根据通知对象分类。根据通知的对象可以分为个人通知和团体通知。个人通知是指针对个别人员的通知；团体通知是指针对某个团体、群体或组织的通知。

 特点

通知的特点和要点如下。

（1）正式性。通知通常是由官方机构、组织或单位发布的，具有一定的正式性和权威性，通知的内容具有约束力。

（2）直接性。通知的目的是向受众传达信息、通知事项或指示，具有直接性，不需要经过多次传递或解读。

（3）公告性。通知通常是公开发布的，可以通过不同的渠道和方式传达给受众，如公告栏、网站、邮件等，以确保信息的广泛传达和接收。

（4）简明扼要。通知的内容通常简明扼要，言简意赅，以便受众快速理解和掌握要点。

（5）规范性。通知通常是针对特定的事项、规定或要求，具有一定的规范性和约束力，受众需要按照通知的要求进行相应的行动或处理。

（6）及时性。通知通常是为了及时传达信息、解决问题或安排事务而发布的，具有一定的时效性和紧迫性。

 写作要求

通知的结构一般包括标题、正文、结束语、落款等。

（1）标题。通知的标题应简明扼要地概括通知的内容，突出重点，方便受众快速了解通知的主题。

（2）正文。通知的正文是通知的主体部分，包含了具体的内容、要求或指示。正文通常以简洁明了的语言表达，重点突出，逻辑清晰，确保受众能够准确理解和掌握通知的要点。

（3）结束语。通知的结束语是对通知的总结或提醒，可以包括感谢、祝福、期望等内容，可以根据具体情况进行适当的表达。

（4）落款。通知的落款包括通知的发布机构、部门或个人的名称、职务、联系方式等信息，以确保通知的真实性和可信度。

（5）除了以上几个部分，通知还可能包括日期、时间、地点等附加信息，以便受众了解通知的发布时间和地点。通知的格式可以根据实际情况和需求进行调整和变化，但总体上要保持清晰、简洁、明了的原则，以便受众能够迅速理解和遵守。

 **案例模板**

标题		××通知
发文字号		××【 】×号
主送机关		各教育局等机关部门：
正文	开头	为了进一步加强××工作，提高工作效率和质量，现通知如下：
	主体	1. ××时间/地点/内容。 2. ××要求/规定/制度。 3. ××事项/活动/安排。
	结尾	请各位认真阅读以上内容，并及时履行相关的要求和责任。
署名		××单位/个人
落款日期		××××年××月××日

5.1.9 通报

通报是国家机关、社会团体、企事业单位用于表彰先进、批评错误、传达重要精神交流重要情况所使用的公文。通报一般属下行文。但有时也用来向同级机关和不相隶属的机关，甚至上级机关（用抄报的方式）传达某一重要事项或信息。因此，也可属于平行文或上行文。

 分类

根据不同的目的和内容，通报可以分为多种类型。

（1）事故通报。通报关于事故发生、事故原因、事故影响等相关信息，以便及时通知和警示相关人员，采取相应的措施避免类似事故再次发生。

（2）通知通报。通报关于组织内部事务、活动、政策、流程等方面的信息，以便向员工、成员或相关人员传达重要信息，确保大家了解并按照通报采取行动。

（3）紧急通报。通报关于突发事件、灾害、紧急情况等紧急事态的相关信息，以便及时通知受众并采取紧急措施，确保安全和应对能力。

（4）奖惩通报。通报关于个人或团体的奖励、表彰、处罚等相关信息，以便向内部成员或外部人员宣布相关决定，树立榜样或警示效果。

（5）公告通报。通报关于公共事务、社会公益、社区活动等相关信息，以便向公众传达相关信息，提供公共服务和参与机会。

 特点

通报的特点和要点如下。

（1）诚实性。通报必须真实准确地反映事实，不得虚报或隐瞒。

（2）客观性。通报必须客观公正地进行分析和评价，不得带有个人意见或情感色彩。

（3）时效性。通报必须及时通报工作进展、成果和问题，不能拖延或耽误。

（4）针对性。通报往往是针对特定的事件、情况或行为进行的，内容通常会涉及具体人、事、时、地、因、果等要素。

 写作要求

通报的结构一般包括标题、正文、落款等。

（1）标题。通报的标题应简明扼要地概括通报的内容，突出重点，方便受众快速了解通报的主题。

（2）正文。通报的正文是通报的主体部分，包含了具体的信息、情况或事件。正文通常以简洁明了的语言表达，重点突出，逻辑清晰，确保受众能够准确理解和掌握通报的要点。

（3）落款。通报的落款包括通报的发布机构、部门或个人的名称、职务、联系方式等信息，以确保通报的真实性和可信度。

（4）此外，通报通常还会包含发布日期、时间、地点等附加信息，帮助受众了解通报的具体时效和适用范围。通报的格式应根据具体情况和需求灵活调整，但总体上应保持内容清晰、简洁、明了，以便于受众的快速理解和响应。

案例模板

标题		××通报
发文字号		××【 】×号
主送机关		×××、××、××：
正文	开头	为了进一步加强××工作，提高工作效率和质量，现将有关情况通报如下：
	主体	1. ××事项的背景和目的。 2. ××事项的实施情况和进展情况。 3. ××事项的成果和问题。 对于问题的处理结果和下一步工作的安排。 特此通报。
	附件	附件1. ×××
署名		××单位/个人
落款日期		××××年××月××日

5.1.10　报告

报告是向上级机关汇报工作、反映情况、提出意见或者建议，答复上级机关的询问时使用的公文。按照上级部署或工作计划，每完成一项任务，一般都要向上级写报告，反映工作中的基本情况、工作中取得的经验教训、存在的问题及今后的工作设想等，以获得上级领导部门的指导。

分类

根据不同的目的和内容，报告可以分为多种类型。

（1）工作报告。报告关于个人或团队在工作中的进展、成果、问题和计划等相关信息，以便向上级、同事或相关人员汇报工作情况和进度。

（2）研究报告。报告关于某个研究课题、项目或领域的调查、分析、结论等相关信息，以便向相关人员或机构提供研究结果和建议。

（3）市场调研报告。报告关于市场调研的结果、消费者需求、竞争分析等相关信息，以便向企业或机构提供市场情报和决策依据。

（4）绩效报告。报告涵盖个人、团队或组织的绩效情况、成就、存在的问题以及改进措施等相关信息，目的是评估绩效，监督进展，并提供针对性的改进建议和决策参考。

（5）调查报告。报告关于某个事件、问题或现象的调查、分析、结论等相关信息，以便向相关人员或机构提供调查结果和建议。

（6）学术报告。报告关于学术研究、学术会议或学术交流活动的结果、观点、发现等相关信息，以便向学术界或相关人员分享研究成果和学术见解。

特点

报告的特点和要点如下。

（1）客观性。报告应该以客观、事实为基础，避免主观偏见和个人情感的介入。报告应该基于可靠的数据和研究结果，提供准确和可信的信息。

（2）结构性。报告应该有清晰的结构和逻辑，包括引言、目的、方法、结果、讨论和结论等部分。结构性的报告能够使读者更容易理解和获取所需信息。

（3）信息全面性。报告应该提供全面和详尽的信息，以满足读者对特定问题或课题的需求。报告应该包括必要的背景知识、数据分析和结论等，并且应该提供足够的支持材料和参考文献。

（4）精练性。报告应该通过清晰的语言和简洁的表达方式，使读者能够快速理解和消化报告内容。

（5）目标导向性。报告应该明确目标和受众，针对特定目标和问题，提供相关的信息和建议。

（6）实用性。报告应该包括具体的建议和推荐措施，以帮助读者解决问题和作出决策。

写作要求

报告的结构一般包括标题、主送机关、正文和落款等部分。

（1）标题。报告标题应简明扼要地概括报告的内容和主题，能够吸引读者的注意力并准确传达报告的核心信息。

（2）主送机关。报告应明确指出主送机关的名称和单位，以确定报告的接收方和目标受众。

（3）正文。正文是报告的核心部分，包括引言、目的、方法、结果、讨论和结论等内容。正文应按照清晰的结构和逻辑进行组织，以确保读者能够理解报告的主要内容。

（4）落款。报告的落款部分包括编写报告的日期、报告作者的姓名和职务等信息。落款是报告的一种正式结束方式，也可以方便读者了解报告的来源和作者身份。

（5）除了这些部分，报告还可以根据具体需求和要求添加其他内容，如摘要、目录、附录等。这些部分的选择和安排应根据报告的目标、读者需求和写作规范进行调整和决定。

👉　**案例模板**

××受灾情况报告	标题
×××、××、××：	主送机关
自××年××月××日以来，××地区遭受了××自然灾害，造成了严重的人员伤亡和财产损失。具体情况如下：	正文缘由
1. 人员伤亡情况：目前已经确认死亡××人，失踪××人，受伤××人。 2. 财产损失情况：××市××县共有××间房屋倒塌，××间房屋严重受损，直接经济损失××万元。 3. 灾区交通、通信、电力等基础设施严重受损，给灾区救援和恢复工作带来了极大的困难。 结束语：（可不写）	正文主体：报告具体事项
特此报告。	正文结尾
××××× （加盖公章）	发文机关署名
××××年××月××日	成文日期

5.1.11　请示

请示是下级机关向上级机关请求指示、批准的公文，也是一种比较重要的行文。它的主要作用是请求指示和批准。由于请示的内容关系到上级机关如何决策，上级机关一旦作出答复，对下级机关今后行动的方向将产生影响，所以请示具有很强的约束力。

 分类

根据不同的目的和内容，请示可以分为多种类型。

1. 按照请求内容分类

决策请示：针对重要决策或问题，向上级或领导请示意见或决策。

情况请示：请求汇报或说明某个具体情况，征求意见或批准。

行动请示：请求批准或指示某项行动或计划的执行。

2. 按照请求对象分类

上级请示：向上级或领导请示意见、决策或行动。

同级协商：与同级协商，征求意见或建议，以便协同处理事务。

下达指示：向下级或部下发布指示或命令，指导其开展工作。

3. 按照请求形式分类

书面请示：以书面形式提交请示，通常包括正式的请示信函、报告或备忘录等。

口头请示：直接向上级或有关负责人以口头形式提出的请求或寻求指示、批准或意见。

4. 按照请求目的分类

技术请示：请求技术指导、建议或解决方案。

经费请示：请求经费支持、批准或调整。

人事请示：请求人事安排、调整或任免。

 特点

请示的特点和要点如下。

（1）层级关系。请示通常是由下级向上级提出，征求他们的意见、决策或批准。因此，它反映了组织或团队内部的层级关系和权力结构。

（2）正式性和规范性。作为一种正式的文书形式，请示需要遵循特定的格式和规范，包括标题、发起人、收件人、陈述问题、提供背景信息、请求意见或决策、附上相关文件等。

（3）目的明确。请示的主要目的是征求上级的意见、决策或批准，以解决问题、推动事务的进行或寻求支持。它通常表达了请求帮助、批准、指示或决策的需求。

（4）提供信息和依据。为了使上级能够作出明智的决策或提供有针对性的意见，请求者通常会在请示中提供相关的背景信息、数据、分析或其他必要的依据。

（5）时间敏感性。由于请示通常涉及重要的问题或事务，时间敏感性非常重要。请求者通常需要明确指出期望得到回复或决策的时间，并保证及时提交请示以确保及时处理。

（6）机密性和保密性。根据具体情况，请示可能涉及机密或敏感信息。请求者需要特别注意保密和阅读权限，以确保信息的安全性和保密性。

 写作要求

请示一般由标题、主送机关、正文、落款四部分组成。

（1）标题。由发文机关名称、事由和文种组成。

（2）主送机关。写明主送机关，同时写明发文单位或个人。

（3）正文。这是请示的主体部分，一般由开头、主体和结尾三部分组成。

开头：写明请示的原因和根据，引出请求批准的事项。

主体：这是请示中最主要的部分，主要写明请示事项的经过和现状，以及需要上级批准的理由。

结尾：这是请示中最常见的一个部分，通常用"以上意见是否妥当，请批示"或"以上意见如无不妥，请批转各部门执行"等词语作结尾。

（4）落款。包括发文机关署名、成文日期和印章。

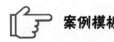 **案例模板**

关于修建××公路的请示	标题
致××省交通局：	主送机关
我谨代表××公司向贵局提出请求，希望能够在我公司所在地修建一条连接××地区和××地区的公路，以改善该地区的交通状况和促进经济发展。	正文开头：请示缘由

目前，该地区的道路状况非常糟糕，交通拥堵，通行不便。而且，由于地理条件恶劣，该地区的经济发展一直停滞不前。为了改善该地区的交通状况和促进经济发展，我公司认为修建一条公路是最为必要的措施（略）	正文主体：请示事项
×××××（加盖公章）	发文机关署名
××××年××月××日	成文日期

5.1.12　批复

批复是指上级对下级提出的请求、申请或报告进行审批、决策或回复的一种书面文件。它通常在请示或其他相关文件的基础上发出，以确认、批准或回应下级的请求。批复可以是正式的文件形式，也可以是口头或电子邮件形式，具体形式根据组织或上级的要求而定。

 分类

根据不同的目的和内容，批复可以分为多种类型。

（1）指示性批复。这一类批复有些内容较多，篇幅较长，一般是对请示事项的执行或其他方面提出指示性意见的批复。

（2）审核性批复。这一类批复内容比较简单，篇幅较短，大多是对请示事项表明同意、需要修改或反对的意见。

（3）阐释性批复。针对请示中提出的有关法规政策方面作出阐释。

 特点

批复的特点和要点如下。

（1）权威性。批复代表上级机关的官方意见，具有一定的权威和指导性，下级机关或个人需要遵照执行。

（2）指导性。批复通常涉及指导性意见或决策，旨在对下级的请求或申请给出明确的答复和未来的行动方向。

（3）正式性。批复作为一种公文，须严格符合公文的格式和语言规范，包括公文的头部、主体、结尾和附件等。

（4）明确性。批复的内容应该明确无误，对请求或申请作出具体的回答，包括同意、不同意、部分同意或提出修改和补充建议等。

（5）可执行性。批复要具有可操作性，提供清晰的执行指南或要求，确保下级机关或个人可以根据批复内容采取行动。在撰写批复时，应确保内容准确、逻辑清晰并且合乎流程，以便能够有效地指导和管理下级的工作和活动。

 写作要求

批复的结构一般包括标题、正文、结束语、落款等。

（1）标题。应使用"批复"二字作为标题，字体一般为小二号或三号黑体，居中排列。

（2）发文单位。应注明发文单位的名称、文号、日期和公章等信息，放在正文左上方。

（3）收文单位。应注明收文单位的名称、文号、日期和公章等信息，并把这些信息放在正文左侧。

（4）正文。应分为引言、主体和结尾三部分。引言中应简要说明批复的目的和背景；主体中应明确对请求、报告、建议等事项的意见、决定和指示；结尾中应再次强调要求下级单位或个人按照批复的要求进行具体的工作。

（5）签署。应在正文下方空一行，注明批复的发文日期，并由发文人签字、注明职务和单位名称。

（6）盖章。应在签署之后，注明公章的名称、日期和编号等信息。

（7）抄送。应注明抄送的单位和人员，放在正文右侧。

 案例模板

标题		关于×××××的批复
发文字号		××【】×号
主送机关		×××、××、××：
正文	开头	你们单位关于×××××的报告，已经收悉。经研究，现批复如下：
	主体	一、对于报告中提到的×××××，我们认为该方案具有可行性，但是需要注意以下几点： 1. 关于×××××，需要进一步完善相关细节，确保方案的可行性和有效性。 2. 需要对方案中的风险进行全面评估和分析，以保证方案的安全性和稳定性。

正文	主体	二、关于报告中的其他问题，我们的具体意见如下： 1. 对于×××××，我们认为需要进一步研究和探讨，以找到更好的解决方案。 2. 关于×××××，需要进一步加强相关部门之间的协作和配合，以确保问题得到妥善解决。 三、最后，我们决定×××
	结束语	特此批复
署名		×××××（加盖公章）
成文日期		××××年××月××日

5.1.13　函

函件是机关单位之间用于相互商洽工作，询问和答复问题，传达和布置工作，请求批准和要求办理有关事项的一种公文。它通常包含了寄信人的问候、称呼、正文内容、结尾、署名等要素。函件可以用于个人、商务、行政等各种场合，目的可以是请求、通知、邀请、申请等。

 分类

根据不同的目的和内容，函可以分为多种类型。

1. 根据用途分类

个人函件：用于个人之间的交流，如亲友之间的信件。

商务函件：用于商业场合的信函，包括合作伙伴之间的信函、投诉函、邀请函等。

行政函件：用于政府机构、公共机构或组织之间的信函，包括公函、公告等。

2. 根据格式分类

正式函件：遵循正式的格式和礼仪要求，通常用于商务和行政场合。

非正式函件：格式和礼仪要求较为自由，通常用于个人之间的交流。

3. 根据内容分类

通知函件：用于通知收信人有关某个事件、安排或变化的信息。

请求函件：用于向收信人提出请求，如申请某项服务或资源。

邀请函件：用于邀请收信人参加某个活动、会议或聚会。

感谢函件：用于向收信人表达感谢之情。

投诉函件：用于向收信人投诉某项服务、产品或问题。

4. 根据传递方式分类

传统函件：通过邮寄方式传递。

电子函件：通过电子邮件、传真等电子方式传递。

 特点

函的特点和要点如下。

（1）书面形式。函件是通过书面形式进行交流，与口头交流相比更正式、明确，具有持久性和可追溯性。

（2）格式规范。函件通常需要遵循特定的格式和排版要求，包括信头、日期、收件人信息、称呼、正文、结尾、署名等。这些格式规范可保证函件清晰易读。

（3）语言规范。函件使用的语言通常需要规范、准确、恰当，避免使用口语化、随意或不正式的表达方式。

（4）目的明确。函件需要明确表达寄信人的目的，无论是请求、通知、邀请还是申请，都要在函件中清晰地表达出来，以便收信人理解。

（5）传递信息。函件的目的是向收信人传递信息，因此要确保内容清晰、准确，并且符合收信人的需求和期望。

 写作要求

函结构一般由标题、主送机关、正文、署名和成文日期等组成。

（1）标题。应使用"函"字作为标题，一般由发文机关名称、事由和文种组成，如"关于×××的函"。

（2）主送机关。一般只写一个机关名称，也有多个存在。复函的主送机关就是来函的发文机关。

（3）正文。这是函的主要部分，一般包括以下几个方面。

阐述观点、意见或问题，必须态度明确，观点正确，言简意赅。文字要精练简洁，避免拖泥带水，一般以不超过300字为宜。

提出解决问题的措施或建议。一般采用"一事一函"的形式。

提出要求或希望事项，提出解决问题的办法或希望有关部门给予答复和协助等。

（4）署名和成文日期。署单位名称或个人姓名，并写上成文日期（有的不写）。发文机关全称或规范化简称、发文字号及日期等均在署名之下一行写起，以引起人们的注意和重视。

（5）附件说明（如果有）、附注或附录等部分（有的可不写）。附件、附注和附录要分别列出，并在每件后面加括号注明"附""注"等字样。

 案例模板

标题		关于对环保核查工作制度有关问题解释的复函
发文字号		××【 】×号
主送机关		××环境保护局：
正文	开头	你局《关于申请对环保核查工作制度有关问题予以解释的函》（京环函〔××〕××号）收悉。经研究，现函复如下。
	主体	一、为贯彻落实中央关于简政放权、转变政府职能的决策部署，我部按照"减少行政干预、市场主体负责"的原则，改革整合上市环保核查工作，印发了《关于改革调整上市环保核查工作制度的通知》（环发〔××〕××号），要求各级环保部门不再组织开展上市环保核查。 二、（略） 三、（略） 四、（略）
	结束语	特此函复。
署名		×××××（加盖公章）
成文日期		××××年××月××日

5.2　10 种常见事务公文框架

5.2.1　办法

办法是一种正式的公文形式，通常用于规范某一具体问题的处理方式、操作规程或实施细则等。它是针对某一问题制定的具体措施和方法，一般具有一定的权威性和约束力。通常情况下，办法的内容应当具有明确性、可操作性和实际可行性，能够指导相关人员开展具体工作。

分类

根据不同的目的和内容，办法可以分为多种类型。

1. 根据规范的对象分类

行政类办法：主要用于规范行政管理工作，如行政许可、公务员管理等。

经济类办法：主要用于规范经济领域的工作，如市场准入、价格管理等。

社会类办法：主要用于规范社会领域的工作，如社会保障、文化管理等。

2. 根据具体内容分类

实施细则类办法：主要用于制定某一法律、法规或政策的实施细则，如《关于实施××法律的办法》。

操作规程类办法：主要用于规范某一工作的具体操作流程和方法，如《××工作操作规程》。

标准规范类办法：主要用于制定某一行业或领域的标准规范，如《××行业标准》。

3. 根据目的分类

规范类办法：主要用于规范某一领域或行业的工作，如《××行业规范》。

保障类办法：主要用于保障特定人群或领域的权益，如《某类人群保障办法》。

奖励类办法：主要用于表彰和奖励优秀工作或个人，如《××工作表彰奖励办法》。

 特点

办法的特点和要点如下。

（1）目的明确。办法的制定通常是为了解决一个具体的问题或达到一个明确的目标。它明确规定了要采取的具体措施和步骤，以达到预期的效果。

（2）具体明细。办法通常会详细列出要采取的措施、步骤、条件等。它可以包括具体的操作流程、时间表、责任分工等，以确保实施的具体性和可操作性。

（3）法律性质。一些办法具有法律性质，即它们是由法律、法规、条例等正式制定的，具有强制力和约束力。这些办法是为了保障公共利益、维护社会秩序而制定的，需要被全体人员遵守和执行。

（4）灵活性。办法在制定时通常会考虑到实际情况的变化和灵活性。它可以根据需要进行调整和修改，以适应不同的情况和时期的需求。

（5）规范性。办法通常是为了规范某种行为或管理某个领域而制定的。它能够提供明确的规定和指导，以确保各方按照规定的方式行事，维护秩序和公平。

（6）实施监督。一些办法在制定时会考虑到监督和执行的机制。它可以规定相关部门或机构的职责和权限，以确保办法的有效实施和执行。

写作要求

办法的结构一般由标题、前言、正文、附件、签署等组成。

（1）标题。办法的标题通常会明确表达出该办法的主题或目的，以便读者能够快速理解和识别。

（2）前言。前言部分通常会简要介绍该办法的背景、目的和重要性，以便读者能够了解制定该办法的背景和意义。

（3）正文。正文部分是办法的核心内容，它会详细列出具体的措施、步骤、条件等。正文通常会按照逻辑顺序进行组织，以确保读者能够清晰地理解和遵守该办法的具体要求。

（4）附件。附件部分通常是办法中的补充材料，可以包括相关的表格、标准、样例等。附件通常是为了更好地辅助读者理解和执行该办法。

（5）签署和生效日期。最后，一份办法通常会在文末注明该办法的签署单位、签署人员和生效日期，以确保该办法的正式实施和执行。

👉 **案例模板**

关于×××的办法	标题
（××××年××月××日××发布）	签署
第一章　总则 　　第一条：×××。	总则：办法的依据、缘由、指导思想等
第二章　××××× 　　第二条：×××××××××××××××××××××××。 　　第三条：×××××××××××××××××××××××。	分则：办法的具体实施内容
附则　××××× 　　第××条：本实施办法自××年×月×日起施行。	附则：办法的有关执行要求，执行时间等一般以"特此公告""予以公告"结束

5.2.2　章程

章程是指一个组织、机构、协会、团体等依照一定程序制定的规章制度，是组织内部的基本法律文件。章程对组织的目的、性质、组织形式、管理制度、权利义务等方面进行规范和约束，是组织内部管理和运作的重要依据。通常情况下，章程由组织自行制定，经过内部讨论、审批和公示后正式生效。

 分类

根据不同的组织性质和目的，可以将章程分为以下几类。

（1）政党章程。政党是政治组织，其章程主要规定政党的宗旨、纲领、组织形式、会员资格、权利义务、领导机构等内容，是政党的基本法律文件。

（2）社团章程。社团是非营利性组织，其章程主要规定社团的宗旨、任务、组织形式、会员资格、权利义务、管理机制、财务制度等内容，是社团内部管理和运作的重要依据。

（3）企业章程。企业是经济组织，其章程主要规定企业的组织形式、经营范围、股权结构、管理机制、财务制度等内容，是企业内部管理和运作的基本法律文件。

（4）学校章程。学校是教育组织，其章程主要规定学校的宗旨、任务、组织形式、教学管理、师生关系、财务制度等内容，是学校内部管理和运作的重要依据。

（5）协会章程。协会是职业或行业组织，其章程主要规定协会的宗旨、任务、组织形式、会员资格、权利义务、领导机构等内容，是协会内部管理和运作的基本法律文件。

（6）城市规划章程。城市规划是城市发展的重要组成部分，其章程主要规定城市规划的原则、目标、规划范围、规划制定程序、规划实施机制等内容，是城市规划的基本法律文件。

 特点

章程的特点和要点如下。

（1）法律性质。一些章程具有法律性质，即它们是由法律、法规、条例等正式制定的，具有强制力和约束力。这些章程是为了保障公共利益、维护社会秩序而制定的，需要被全体成员遵守和执行。

（2）组织结构规范。章程通常会规定组织的机构设置、职责分工、权力关系等。它能够明确各级机构的职能和权限，以确保组织内部的结构合理、运作顺畅。

（3）成员权益保障。章程通常会规定成员的权益和义务。它可以规定成员的加入和退出条件，明确成员的权益和责任，以保障成员的合法权益。

（4）决策程序规定。章程通常会规定组织内部的决策程序和决策机制。它可以规定决策的程序、条件、权力范围等，以确保决策的公正性和合法性。

（5）组织运作规范。章程通常会规定组织的运作方式和管理制度。它可以包括财务管理、人事管理、项目管理等方面的规定，以确保组织的运作规范和高效。

 写作要求

章程的基本结构包括标题、题下标示（通过会议及时间）、正文等。

（1）标题。章程的标题应该明确、简洁，能够准确反映出该文件的性质和内容。

（2）题下标示。在标题下方，一般会注明该章程是通过何种会议及具体的通过时间。这样可以清楚地记录下章程的制订过程和时间。

（3）正文。正文是章程的主体部分，它包括了具体的组织结构、运作方式、管理制度等内容。正文一般会按照一定的章节结构进行组织，以便读者能够清晰地了解各个方面的规定。

在正文中，可以包括以下内容。

引言：可以对该组织的背景、宗旨、目标进行简要的介绍，以使读者对该组织有一个基本的了解。

组织结构：可以介绍组织的机构设置、职责分工、权力关系等。这部分应该清晰地展示组织内部的组织结构，以便读者能够了解各个职能部门之间的关系和协作方式。

成员权益和义务：可以规定成员的加入条件、权益和义务，包括成员的权利保障和责任要求。这部分应该明确规定成员的权益，以保障成员的合法权益。

决策程序：可以规定组织内部的决策程序和决策机制，包括决策的程序、条件、权力范围等。这部分应该确保决策的公正性和合法性。

运作规范：可以包括财务管理、人事管理、项目管理等方面的规定，以确保组织的运作规范和高效。

修改和解释程序：可以规定修改和解释的程序及条件，以适应组织发展和变革的需求。

结束语：可以对该章程的效力、修改和解释的方式进行总结和说明。

案例模板

×××章程	标题
（××××年××月××日××发布）	签署
第一章　总则 　　第一条：××××××××××××××××××××××××××××××。	总则：制定宗旨、任务、规范，等等
第二章　××××× 　　第二条：×××××××××××××××××××××。 　　第三条：×××××××××××××××。	分则：说明章程的组织人员、机构、经费等内容
第××条：××××××××××××××××××××。	附则：说明解释权、修订权和实施要求等

5.2.3　细则

细则是一种规章制度性文件，是对法律、行政法规、规章和章程等法规性文件的细化和补充，对其中的某些条款作出更加具体的规定和解释，使得法规性文件的内容更加具体、明确和操作性更强。例如，某个国家或地区的政府制定了一部法律，为了更好地贯彻落实这个法律，政府会派出相关部门或委员会制定一系列的细则，对法律的适用范围、实施细节、程序要求等进行详细的规定和解释。简而言之，细则是对某一领域或某一行业的法规性文件进行进一步的细化和规范。

分类

根据不同的制定目的和适用范围，可以将细则分为以下几类。

（1）政府行政类。政府部门为了更好地贯彻落实法律、法规、规章等法规性文件而制定的具有强制力的规章制度性文件，如行政管理细则、行政处罚细则等。

（2）行业标准类。行业协会或行业管理部门为了规范行业内企业、个人的行为，制定的具有规范性的规章制度性文件，如行业标准、行业规范等。

（3）内部管理类。企事业单位为了更好地管理内部事务而制定的具有强制力的规章制度性文件，如单位内部管理细则、员工行为规范等。

（4）条例类。地方人民政府为了更好地治理本地区的社会经济生活而制定的具有强制力的规章制度性文件，如地方性法规、自治条例等。

特点

细则的特点和要点如下。

（1）具体性。细则是对上级文件、法规或章程的具体解释和操作规定，它对文件中的一些条款、表述进行具体化和细化，以便更好地指导和执行。它会对具体的流程、方法、标准等进行详细规定，使得操作更加具体明确。

（2）补充性。细则是对上级文件、法规或章程的补充，它通常是为了更好地解释和落实上级文件的要求，填补上级文件中的一些不足或遗漏。它对上级文件的规定进行进一步的细化和完善，以确保文件的实施更加全面和准确。

（3）灵活性。细则通常会根据实际情况和需要进行调整和修改，以适应不同的具体情况。它可以根据实际操作的需要进行灵活的调整，使得规定更贴近实际情况，更具可操作性。

（4）权威性。细则通常是由相关机构或组织制定的，具有一定的权威性和约束力。它是对上级文件的具体解释和规定，具有相对权威的指导作用，需要被执行和遵守。

（5）实用性。细则是为了指导实际操作，具有实用性。它对具体的操作流程、方法、要求等进行规定，使得操作更加具体明确，有助于实际工作的顺利进行。

写作要求

细则的基本结构包括标题、引言、定义解释等部分。

（1）标题。细则的标题应该清晰、准确地反映出细则内容的核心，同时表明它是对某个上级文件、法规或章程的具体化和细化。

（2）引言。细则的引言部分通常包括一些背景介绍和目的说明。它可以阐述制定该细则的目的、相关政策或法规的依据，以及该细则所涉及的范围和适用对象等。

（3）定义和解释。为了确保读者对细则中使用的术语和概念有明确的理解，一般会在细则中列出相关的定义和解释。这有助于避免术语理解上的歧义和误解。

（4）主体规定。主体规定是细则的核心部分，它对上级文件中的具体条款、要求进行细化和具体化。主体规定部分通常按照内容进行组织，可以采用章节、条款、款项等层次结构，清晰地呈现规定的内容。

（5）流程和操作规定。在主体规定部分中，可以包括具体的流程和操作规定，以指导实际操作。这些规定可以包括具体的步骤、方法、标准、要求等，以确保操作的准确性和一致性。

（6）具体事项和细节规定。在主体规定部分中，还可以包括一些具体事项和细节规定，以更全面地解决实际操作中可能出现的问题和情况。这些规定可以包括特殊情况的处理、异常情况的应对措施等。

（7）附则。附则是对细则中的一些附加规定进行说明和概述。它可以包括一些适用范围、生效日期、修改和解释等方面的规定。

（8）结束语。细则的结束语部分通常包括对细则的总结和感谢，以及对读者的期望和建议。

 **案例模板**

×××细则	标题
总则 　　第一条：××××××××××××××××××××××××××。	总则：制定细则的依据、缘由等
××××× 　　第二条：×××××××××××××××××××。 　　第三条：××××××××××××××××××××。	分则：细则的具体内容
第××条：××××××××××××××××××××。	附则：细则的有关执行等要求

5.2.4　守则

守则是指一种规范或准则，主要用于指导人们的行为和行事方式。它可以是道德、法律、行业规范或组织内部规章等。守则的目的是确保人们在特定领域或情境中表现出合适的行为和态度，促进秩序和和谐的发展。

 分类

根据不同的制定目的和适用范围，可以将守则分为以下几类。

（1）道德守则。道德守则是指用于指导人们在日常生活中行为和行事方式的准则。它们基于社会共识和道德价值观，涉及诚实、正义、尊重、公平等方面的行为规范。

（2）职业守则。职业守则是特定职业领域内制定的行为准则和规范。它们旨在指导职业人员在工作中应遵循的道德、法律和行业标准，以确保职业行为的质量和合规性。

（3）行业守则。行业守则是特定行业或行业组织制定的规范，用于指导行业内各方的行为和业务操作。它们可以包含行业规范、标准、准则和最佳实践，旨在促进行业的合规性、安全性和发展。

（4）组织守则。组织守则是公司、组织或机构内部制定的规章制度和行为准则。它们涵盖员工行为、工作要求、纪律要求等方面，旨在管理和约束组织成员的行为，确保组织的正常运作和秩序。

（5）社区守则。社区守则是为了维护社区和谐、安全和公共利益而制定的规范。它们可以包括居民之间的相互尊重、社区资源的合理使用、环境保护等方面的行为规范。

（6）法律守则。法律守则是根据法律制定的行为规范和法规。它们规定了人们在社会中应遵守的法律义务和责任，涉及刑法、民法、劳动法等方面的规定。

 特点

守则的特点和要点如下。

（1）指导性。守则是为了指导人们的行为而制定的准则。它们提供了明确的行为规范和方向，帮助人们在特定情境中作出正确的决策和行动。

（2）规范性。守则具有规范性，即它们规定了什么是可以接受的行为和什么是不可以接受的行为。守则给予了人们明确的界限和限制，引导他们在特定的范围内行事。

（3）共识性。守则通常是基于社会共识和价值观制定的。它们反映了社会对于良好行为的共同认同和追求，代表了社会对于道德、公平、尊重等方面的共同期望。

（4）可变性。守则可以随着时间、社会和文化的变化而变化。守则需要与时俱进，适应社会的发展和变化，以保持其有效性和适用性。

（5）多样性。不同领域和不同群体会有不同的守则。不同的职业、行业、组织和社区都可能有自己特定的守则，以满足其特定需求和行为规范。

（6）强制性。守则有时具有强制性。在某些情况下，守则可能会被转化为法律规定，违反守则可能会受到法律制裁。

 写作要求

守则的结构一般包括标题、制发依据、前言、守则条款等。

（1）标题。守则通常以一个明确的标题来命名，以突出其内容和指导性质。

（2）制发依据。守则的制发依据是指制定守则的法律、规章或组织章程等。这部分内容通常会在守则的开头部分或前言中列出，以明确守则的合法性和权威性。

（3）前言。守则的前言部分通常会对守则的目的、背景和重要性进行介绍。它解释了为什么需要制定该守则及制定守则的目的和意义。

（4）守则条款。守则的核心部分是守则条款，它们具体规定了人们在特定情境中应该遵循的行为规范和原则。每个守则条款都会具体列出相应的行为要求或禁止事项。

（5）附则。附则是守则的补充内容，通常包括一些附加的说明、解释或操作指南。这部分内容可以提供更详细的解释和指导，以帮助人们理解和遵守守则。

（6）生效日期和修订记录。守则最后通常会注明守则的生效日期和修订记录。生效日期表示守则开始实施的日期；修订记录则记录了守则的修订历史，包括每次修订的时间、内容和原因。

👉 **案例模板**

×××守则	标题
总则 　　第一条：×××××××××××××××××××××××××。	总则：制定细则的依据、缘由等
××××× 　　第二条：×××××××××××××××××。 　　第三条：×××××××××××××××××。	分则：守则的具体内容
第××条：××××××××××××××××××××××。	附则：细则的有关执行等要求

5.2.5 会议记录

会议记录是指在会议期间,为了记录会议讨论和决策的内容而制作的文件。会议记录主要包括会议的基本信息、会议的议程、参会人员名单、讨论和决策的内容、会议纪要等。会议记录的目的是记录会议中的重要信息,以便参会人员回顾会议内容、了解会议决策、推进会议工作等。

 分类

根据不同的会议类型和内容,可以将会议记录分为以下几类。

(1)决议记录。主要记录会议中所作出的决策和决议。这类记录通常包括决策的内容、原因、时间、地点、决策的结果及执行的具体步骤等。

(2)讨论记录。主要记录与会人员在会议中进行的讨论和交流。这类记录通常包括讨论的主题、参与讨论的人员、讨论的内容、意见和建议等。

(3)报告记录。主要记录会议中的报告内容和报告人的主要观点。这类记录通常包括报告的主题、报告人的姓名、报告的内容、结论和建议等。

(4)纪要。主要记录会议的要点和重要内容。这类记录通常包括会议的时间、地点、与会人员、会议的主题、讨论和决策的主要内容等。

 特点

会议记录的特点和要点如下。

(1)真实性。会议记录应当是客观且忠实于会议实际发生情况的,它反映的是会议的实质内容和精神,而不是记录人员个人的解释或创作。

(2)原始形态性。所谓原始,就是未经整理,未经处理。在这一点上,它跟会议简报、会议纪要有着很大不同。会议简报和会议纪要都是真实的,但不是原始的。虽然在内容上可能没有太大差别,但在存在形态上,会议记录跟会议简报和会议纪要的差异甚大。

(3)完整性。会议记录对会议的时间、地点、出席人员、主持人、议程等基本情况,对领导讲话、与会者的发言、讨论和争议、形成的决议和决定等内容,都要记录下来,一般没有太多的选择性。

 写作要求

会议记录一般包括标题、会议组织情况、会议内容和签署等。

（1）标题。会议记录通常会有一个标题，用于简要描述会议的主题或目的。

（2）会议组织情况。这部分记录会议的基本信息，如会议时间、地点、主持人、与会人员等。它可以提供会议的背景信息和参与者的身份。

（3）会议内容。这是会议记录的主体部分，记录了会议讨论的议题、各方观点、讨论过程、决策结果和行动事项等。这部分可以包括详细的讨论和决策内容，以及与会人员的发言和提问。

（4）签署。会议记录的最后一部分通常是签署部分。签署部分包括与会人员的签名或电子签名，以确认他们对会议记录的内容和准确性的认可。

（5）这些内容可以根据具体的会议要求和组织的规定进行调整和添加。有时还可能在会议记录中包括其他信息，如附件、会议评估等。最重要的是，会议记录应该清晰、简洁地记录会议的要点和决策结果，以便参与者和未能参加会议的人了解会议的内容和结果。

👉 **案例模板**

会议主题：		
时间：		地点：
主持人：		记录人：
参加人：		
缺席人员及原因：		
会议内容		

5.2.6　领导讲话稿

领导讲话稿是指领导人在会议上用于口头发表的、带有一定指示性或指导性的文稿。重要的会议，要有领导讲话、代表发言、分组讨论等项目，所以领导讲话稿是一种实用的会议文书。

 分类

根据不同的会议类型和内容，可以将领导讲话稿分为以下几类。

1. 按目的分类

激励性讲话稿：鼓励员工、团队或公众，提振士气，激发积极性和动力。

感谢性讲话稿：表达对员工、合作伙伴或社会的感谢和赞赏。

信息性讲话稿：传达重要信息、政策、计划或决策。

庆典性讲话稿：在庆典、纪念活动或重要场合发表的演讲，如公司成立周年庆典、员工表彰大会等。

2. 按主题分类

领导理念讲话稿：阐述领导者的管理哲学、价值观和指导原则。

战略性讲话稿：介绍组织的战略目标、发展方向和计划。

变革管理讲话稿：解释组织的变革目的、意义和过程，以及员工在变革中的角色和期望。

团队建设讲话稿：鼓励团队合作、沟通和协作，强调团队的重要性和团队目标。

3. 按受众分类

内部员工讲话稿：针对组织内部员工的讲话，如公司全员大会、内部培训等。

外部合作伙伴讲话稿：面向组织的外部合作伙伴、客户或供应商的讲话，如合作伙伴大会、客户招待会等。

公众演讲稿：面向公众或媒体的讲话，如新闻发布会、公众演讲等。

 特点

领导讲话稿的特点和要点如下。

（1）高度目标导向。领导讲话稿通常有明确的目标和目的。领导讲话稿旨在传达领导者的观点、愿景、计划或决策，以达到特定的目标，如激励员工、传达重要信息、鼓舞士气等。

（2）强调影响力和说服力。领导讲话稿需要具备较高的影响力和说服力，以便有效地传达领导者的意图和信息，并对听众的态度和行为产生影响。这可能涉及采用合适的演讲技巧、使用精准的语言和有效的情感引导等。

（3）体现领导的风格和个性。领导讲话稿通常反映了领导者的风格和个性。不同的领导者可能有不同的演讲风格，如严肃、亲和、鼓舞人心等。讲话稿的语言和表达方式应与领导者的风格相匹配，以增强讲话的信任感和亲和力。

（4）适应多样的受众。领导讲话稿往往需要适应不同的受众群体，如员工、合作伙伴、客户、媒体等。因此，它们需要考虑受众的背景、需求和利益，以便以最有效的方式与受众进行沟通。

（5）简明扼要和重点突出。领导讲话稿通常需要简明扼要地传达观点和信息，确保内容易于理解和接受。讲话稿应聚焦重点，避免冗长和复杂的描述，以维持听众的注意力和兴趣。

（6）强调口头表达和语言技巧。领导讲话稿需要具备良好的口头表达能力和语言技巧。演讲者需要注意语调、语速、语气等因素，以及使用合适的修辞手法和表达方式，以提升演讲的效果。

 写作要求

领导讲话稿的结构一般由开场白、正文、结尾等部分组成。

（1）开场白。开场白是讲话稿的起始部分，它的目的是吸引听众的注意力，并为整场演讲设定基调。在这一部分，领导者通常会以问候、感谢或引用一个引人入胜的故事、引言或统计数据开始，旨在与听众建立联系，激发听众的兴趣。开场白应当简短、有力，并直接与主题相关联。

（2）正文。正文是讲话稿的核心部分，详细阐述演讲的主要内容和关键信息。正文应根据演讲的目的分为几个清晰的部分或要点，每个部分都有一个明确的主题，并通过事实、数据、例证、逻辑推理等支撑。这一部分需要有条不紊地展开，每个观点之间应有逻辑连接，确保听众能够顺畅跟随领导者的思路。

（3）结尾。结尾部分应总结讲话的核心信息，强调演讲的主旨和领导者希望留给听众的印象或行动号召。结尾常常包括对未来的展望、重申对话题的承诺或对听众的感谢。一个有效的结尾应能够留下深刻的印象，并激励听众根据讲话内容采取行动。此外，结尾应简洁有力，避免引入新的信息，确保讲话以一种让人难忘的方式结束。

（4）致谢和结束语。在结束演讲时，可以表达对听众的感谢，并用礼貌而亲切的语言结束演讲。可以鼓励听众提问或提供反馈，或者提供联系方式以便进一步沟通。

（5）此外，还可以根据需要添加其他部分，如演讲者的个人介绍、背景信息、引用的参考文献等。总体而言，要注意整个演讲稿的逻辑性和连贯性，以及语言的简练、准确和易于理解。

 案例模板

| 领导讲话稿（十周年纪念讲话稿）
（××××年××月××日） | 标题 |

尊敬的各位领导、各位嘉宾、各位同仁: 　　大家好! 　　今天,我们在这里举行庆祝公司成立十周年的活动,这是一个值得庆祝的时刻!我代表公司全体员工向大家表示衷心的感谢!	开场白
十年风雨兼程,十年春华秋实。回首往昔,我们经历了许多困难和挑战,在大家的共同努力下,公司不断发展壮大,成为业内的佼佼者。在此,我要向公司所有员工表示崇高的敬意和感激之情! 　　在未来的日子里,我们要继续秉承 "以人为本" 的理念,不断提升员工的工作环境和待遇,让员工感受到公司的温暖和关爱。 　　同时,我们要加强与各方面的合作,不断开拓新的市场和业务领域,为公司的发展注入新的活力和动力。	正文
最后,再次感谢各位领导、嘉宾和全体员工的支持和配合,在未来的日子里,我们将再接再厉,为公司的发展贡献自己最大的力量!	结尾
谢谢大家!	致谢和结束语

5.2.7　计划

　　计划指的是机关、团体、企事业单位在对某一段时间内的工作进行事先的安排时所采用的一种公文。计划的内容主要为对今后的工作任务进行事先的规划,具体内容有:制定目标,设想步骤、方法等。简而言之,计划就是要在未来的一定时期或一个阶段里,要做什么,要怎样做,期望达到什么目标。

 分类

　　根据不同的分类标准,计划可以分为以下几类。

　　(1)时间分类。根据实施计划所需要的时间长度来划分,可以分为长期计划、中期计划和短期计划。

　　(2)范围分类。根据计划所涉及的范围来划分,可以分为战略计划、战术计划和操作计划。

　　(3)功能分类。根据计划的作用和目的来划分,可以分为生产计划、销售计划、财务计划、人力资源计划、市场营销计划等。

（4）层次分类。根据计划的制订者和执行者来划分，可以分为总体计划、部门计划、个人计划等。

 特点

计划是一种前瞻性的规划工具，具有以下几个特点。

（1）目的性。计划是为了达成某种目标而制订的，目的和方向非常明确。它可以帮助人们清晰地认识自己的目标，明确自己的任务和职责。

（2）全面性。计划需要考虑到各个方面的因素，包括时间、资源、人员、技术等，具有全面性的特点。

（3）系统性。计划是一种系统性的工具，需要考虑到各种因素的相互关系和影响，以达到整体的协调和平衡。

（4）灵活性。计划需要具备一定的灵活性，以适应环境和情况的变化。在实施计划的过程中，需要及时调整和修订计划，以保证目标的实现。

 写作要求

计划的结构一般包括标题、正文、落款等部分。

（1）标题。用于简洁地概括计划的主题和目的，突出计划的重点。

（2）简介。简单介绍计划的背景和目标，说明为什么要进行这个计划及计划的意义和价值。

（3）目标。明确列出计划的具体目标和预期成果，可以分为短期目标和长期目标，确保目标具体、可衡量和可实现。

（4）策略和方法。阐述实现计划目标的策略和方法，包括具体的行动步骤、资源分配、时间安排等。可以分条列举，确保计划的可操作性和实施性。

（5）预算和资源。列出计划所需的预算和资源，包括人力、财力、物力等。可以详细说明预算来源、使用方式和管理措施，确保计划的可持续性和经济性。

（6）时间计划。制定详细的时间表或时间节点，明确计划的实施阶段和时间安排，确保计划的及时性和顺利进行。

（7）风险评估。评估计划实施过程中可能出现的风险和挑战，提出相应的风险应对措施和预案，确保计划的顺利实施。

（8）绩效评估。设定评估计划绩效的指标和方法，明确如何对计划的实施效果进行评估和反馈，以便及时调整和改进。

（9）责任分工。明确相关人员的责任和角色分工，确保计划的协调和执行。

（10）结束语。用简洁的语言总结计划的核心内容和重点，强调计划的重要性和可行性，鼓励相关人员的支持和合作。

 案例模板

×××计划	标题
××××××××××××××××××× ××××××××××××××××××× ××××××××××××××××××× ×××××××××××××××××××。	正文：说明计划的目标、任务、方法、措施及预期要达到的效果
×××××××（印章）	发文机关署名
××××年××月××日	成文日期

5.2.8 总结

总结是指对一个事物、事件、情况或内容进行概括性、简明扼要地表达、归纳和概述的过程。总结的目的是将复杂的信息或情况以简洁的方式呈现，提取出最重要、最关键的信息，使读者或听众能够快速了解和理解全貌。总结通常包括对主要观点、关键信息、重要细节、主要成果、问题和建议等方面的概括和提炼。总结可以应用于各种领域，如学习、工作、研究、会议、读书感想等，是一种重要的思维和沟通工具。通过总结，可以帮助人们更好地理清思路，获取知识，提高工作效率，促进思考和学习的深入。

分类

根据不同的分类标准，总结可以分为以下几类。

（1）情况总结。对某一事件、活动或项目的整体情况进行概括性总结，包括主要内容、关键点、成果和问题等。

（2）学习总结。对学习过程、学习内容或学习成果进行总结，反思学习的效果、方法和经验，以及制订下一步的学习计划。

（3）工作总结。对工作任务、工作进展或工作成果进行总结，评估工作的完成情况和效果，并提出改进意见和下一步的工作计划。

（4）经验总结。对过去的经验和教训进行总结，总结成功或失败的原因，提炼出有价值的经验教训，为未来的工作提供借鉴。

（5）项目总结。对项目的整体情况、目标达成情况、项目经验和教训等进行总结，为类似项目的开展提供经验和建议。

（6）会议总结。对会议的主要议题、讨论内容、决策和行动计划进行总结，确保会议信息的记录和传达。

（7）读书总结。对读过的书籍、文章或学术论文进行总结，概括书籍的主要观点、核心内容和价值，为后续的阅读和研究提供参考。

（8）个人总结。对个人成长、进步、经历或生活的某个阶段进行总结，回顾过去的经历和收获，总结自己的优势和不足，并制订个人发展的目标和计划。

 特点

总结的特点和要点如下。

（1）概括性。总结要对复杂的信息或情况进行概括，将大量的内容压缩为简明扼要的表达，提取出最重要、最关键的信息。

（2）简洁明了。总结要求简洁明了，用简练的语言表达核心观点和要点，避免冗长和啰唆，让读者或听众能够快速了解和理解全貌。

（3）提炼重点。总结要能够从大量的材料或信息中提炼出主要观点、关键信息、重要细节和主要成果，去除次要和无关的内容。

（4）归纳概括。总结要对所总结的事物、事件或内容进行归纳和概括，将其整体情况和要点进行概述和总结，形成一个完整的整体。

（5）突出重要性。总结要能够突出最重要、最关键的信息和观点，强调重要的成果和问题，以便读者或听众能够快速获取关键信息。

（6）逻辑性。总结要有清晰的逻辑结构，内容要有条理，按照一定的顺序和逻辑关系进行组织，使读者或听众能够顺利理解和接受。

 写作要求

总结的结构可以根据具体情况和需求而有所不同，但一般包括以下几个方面。

（1）标题。总结通常以一个简明扼要的标题开始，概括性地表达总结的主题或内容。

（2）引言。在总结的开始部分，可以写一段引言，简要介绍总结的背景、目的和重要性，为读者或听众提供一个整体的认识和理解。

（3）主要观点和要点。在总结的正文部分，列出主要的观点和要点，用简洁的语言概括和表达。可以按照逻辑顺序或重要性进行排列，每个观点或要点可以用一个段落进行表达。

（4）重要细节和数据。在总结中，可以引用一些重要的细节和数据来支持主要观点和要点的陈述，提供更具体和详细的信息。

（5）结论和建议。在总结的结尾部分，可以进行总结的归纳和概括，强调重要的成果和问题，并提出相应的建议或行动方案。

（6）结束语。可以在总结的最后加上一句总结性的话语，概括总结的主题和重点，给读者或听众留下一个深刻的印象。

 案例模板

标题	县委办公室个人三年工作总结
引言	近年来，在办公室的坚强领导下，在各位领导的关心和同事的帮助支持下，我紧紧围绕办公室中心工作，不断加强自身建设，认真履行岗位职责，勤勉务实工作，较好地完成了各项工作任务。现总结如下。
正文	一、以学为先，全面提升自身综合素质 坚持把学习作为提高自身素质和工作能力的重要途径，持之以恒学习政治理论和业务知识，不断优化知识结构，提升自身综合素质。一是深化政治理论学习。二是强化业务知识学习。三是注重向实践学习。 　　二、坚持认真履职，全面提升自身工作水平 牢固树立"办公室无小事"的意识，始终把协调配合、服从服务作为做好办公室各项工作的出发点和落脚点，主动作为，开拓进取，尽职尽责做好各项工作……三年来，累计起草主持词、领导讲话及发言材料等文稿××余篇，撰写党委信息××余条、调研报告××篇，较好地发挥了以文辅政的作用。三年来，累计组织协调会议××多次、工作调研（督查）××次、督办领导安排事项××多项，确保了县委决策部署落地落实。 　　三、坚持廉洁干事，树立廉洁自律新形象 作为一名县委办公室干部，我深知个人的一言一行、一举一动都直接影响到单位的整体形象，在工作和生活中，我严格遵守党纪法规和办公室管理制度，时时处处严格要求自己，自觉做到自重、自省、自警…… 　　三年来，虽然自己做了一些工作，也取得了一定成效，但认真总结，静心反思，发现还存在一些不足，主要表现在：理论学习抓得还不够紧，学习的广度和深度还不够；创新意识有待进一步提高，工作有时还不够大胆。对于以上问题，我将认真反思，及时加以改进，并在今后的工作抓好四个方面：一是……二是……三是……四是……
结束语	总之，在今后的工作中，我会在各方面严格要求自己。平时始终以集体利益和荣誉为重，严格遵守单位各项规章制度，规范言行，尊重领导，团结同事，在工作中支持、配合、协作，在相处中以诚相待、友善相处，努力维护单位良好形象。

5.2.9　公示

公示是指将某些信息、事项或决定公开展示给公众或特定群体的行为。公示的目的是向公众提供透明和公正的信息，让公众了解和参与相关事务，保障公众的知情权和参与权。公示通常采用公告、公告栏、官方网站、媒体发布等形式进行，内容可以包括政府政策、法律法规、重要决策、公共资源分配、招聘、竞赛等公共事务的公开通知、公告和结果公示等。

分类

根据不同的分类标准，公示可以分为以下几类。

（1）政府公示。政府公示是政府机关将相关政策、法规、决策、公共资源分配等信息公开向公众通告的行为，包括政府文件公示、政府决策公示等。

（2）人事公示。人事公示是指机关、企事业单位将有关人事任免、考核、晋升、评优等事项公开通告给相关人员和公众的行为，包括公务员考试录用公示、企业人事任免公示等。

（3）招标公示。招标公示是指招标单位将招标项目的公告、招标文件、中标结果等信息公开通告给潜在的投标人和公众的行为，以确保公开、公平、透明的招标过程。

（4）债务公示。债务公示是指债务人或债权人将债务信息公开通告给相关人员和公众的行为，以确保债权债务关系的透明度和公正性。

（5）环境公示。环境公示是指环境保护部门或相关机构将环境影响评价、环境监测、环境治理等信息公开通告给公众的行为，以促进环境保护的参与和监督。

（6）宣传公示。宣传公示是指机关、组织或个人将宣传内容、活动信息等公开通告给公众的行为，以提高知名度、传播信息和吸引公众参与。

特点

公示的特点和要点如下。

（1）公开透明。公示是将信息公开展示给公众或特定群体，使公众能够获得相关信息，帮助公众了解事务进展，保障公众的知情权。公示的内容和结果应当公正、真实、准确，确保公众对相关事务有充分了解和监督的权力。

（2）法律约束力。公示的结果对相关人员具有法律效力。相关人员应当按照公示结果进行相应的行动或遵守公示的规定。公示的内容和要求应当符合法律法规的规定，确保公示的决定或信息具有合法性和可执行性。

（3）参与与监督。公示可以促进公众参与和监督公共事务。通过公示，公众可以了解、评价和提出意见或建议，参与公共决策的过程。公示确保公共事务的公正、公平和民意参与。

（4）信息公信力。公示的内容应当真实可信，来源可靠，保证公示信息的公信力。相关机关和组织在进行公示时应当确保信息的准确性和及时性，避免虚假宣传或误导公众。

（5）提高行政效能。公示可以提高行政效能，减少行政程序的不确定性和耗时性。通过公示，可以及时通知相关人员和公众，减少信息不对称和行政纠纷的发生，提高行政决策的透明度和公信力。

 写作要求

公示的结构一般包括以下几个方面的内容。

（1）标题。公示通常会以标题的形式进行呈现，用于概括公示的内容和主题。

（2）发布机构或组织信息。公示中会注明发布公示的机构或组织的名称、联系方式及发布公示的日期和编号等相关信息。

（3）公示内容。公示内容是公示的核心部分，通常会详细说明公示的事项、原因、结果、要求等相关内容。

（4）相关事项说明。公示中会对与公示事项相关的具体事宜进行说明，包括具体的要求、期限、流程等。

（5）相关责任人联系方式。公示中会提供相关责任人的姓名、职务及联系方式，以便公众或相关人员与其进行沟通和联系。

（6）公示期限。公示通常会规定公示的时间期限，即公示开始时间和结束时间，以确保公众有足够的时间了解和参与。

（7）监督投诉渠道。公示中会提供监督投诉的渠道和联系方式，以便公众或相关人员能够提出意见、建议或进行投诉。

（8）公示签名和印章。公示一般会有发布机构或组织的负责人签名和盖章，以确保公示的真实性和合法性。

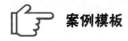 **案例模板**

标题	关于×××预备党员转正公示
称谓	开发区党工委：

公示内容	我支部于××年××月××日召开支部大会,研究讨论按期转为中共正式党员事宜。本次会议应到党员××人,实到××人,有表决权的××人。经举手表决,同意该同志按期转为中共正式党员。 　　××年××月××日至××月××日,我支部对按期转为中共正式党员事宜进行了为期7天的公示。公示期内无异议。 　　现提请党工委,同意按期转为中共正式党员。
落款	党支部书记（盖章）党支部（盖章） ××××年××月××日

5.2.10　专用书信

专用书信是指针对特定目的或特定对象而设计的、具有特殊用途的书信。它与一般的私人书信或商务书信有所不同,其格式、用词和目的都有其特殊性。

 分类

根据不同的分类标准,专用书信可以分为以下几类。

（1）邀请类专用书信。包括邀请函、请柬等,用于邀请他人参加特定活动、庆典、会议等。

（2）感谢类专用书信。包括感谢信、感谢函等,用于表达对他人的感谢之情。

（3）投诉类专用书信。包括投诉信、申诉信等,用于向相关部门或组织投诉某个问题或不满意的事项。

（4）求职类专用书信。包括求职信、求职申请函等,用于向招聘单位申请工作岗位。

（5）推荐类专用书信。包括推荐信、引荐函等,用于向某个机构或个人推荐他人。

（6）辞职类专用书信。包括辞职信、离职申请书等,用于向雇主提出辞去工作岗位的申请。

（7）求学类专用书信。包括申请信、申请书等,用于向学校或教育机构申请学习机会。

（8）意见建议类专用书信。包括意见信、建议信等,用于向相关机构或组织提出意见、建议或对某个问题提供解决方案。

特点

专用书信的特点和要点如下。

（1）特定目的。专用书信是为了特定的目的而编写的，它们针对特定的事件、情况或对象，具有明确的目标和意图。

（2）专门设计。专用书信在格式、用词和结构上都经过精心设计和规定，以满足特定目的的要求。例如，邀请函需要包含活动的时间、地点和内容。求职信需要介绍个人的能力和经历等。

（3）目标明确。专用书信通常会针对特定的个人、组织或机构，其内容和语气会根据目标对象的特点和关系进行调整，以达到更好的沟通和效果。

（4）语言准确。专用书信需要使用准确、简练的语言表达，避免模糊、含糊不清的描述，确保信息的准确传达和理解。

（5）礼貌正式。专用书信通常要求使用礼貌、正式的用语和措辞，以展示尊重和专业性。例如，邀请函需要用恰当的方式邀请对方参加活动；感谢信需要用诚挚的语言表达感激之情。

（6）结构清晰。专用书信通常需要遵循一定的结构，包括引言、正文和结尾等部分，以确保内容的逻辑性和条理性。

（7）个性化。虽然专用书信具有一定的规范和格式，但也可以在其中展示个人的风格和特点，使其更具个性化和独特性。

 写作要求

专用书信的结构一般包括信头、日期、引言、结尾等部分。

（1）信头。信头位于信纸的顶部，包括写信人的姓名、地址、电话号码和电子邮件地址等个人或机构基本信息。

（2）日期。日期位于信头下方，用于标识信件的编写日期。

（3）称呼：称呼是写给收信人的问候语，通常包括收信人的称谓（如尊敬的先生/女士）和姓名。

（4）引言。引言部分用于引入信件的主题，可以表达一些礼貌的问候或感谢。

（5）正文。正文是信件的核心部分，用于表达具体的内容、目的和请求等。根据不同的专用书信类型，正文的内容和结构会有所不同。

（6）结尾。结尾部分通常包括对收信人的再次感谢、问候或祝福等。常见的结尾用语包括"真诚地""敬祝""此致"等。

（7）签名。签名是写信人在信末签名的部分，一般会写上自己的姓名。

（8）附件。附件部分是指在信件中附上的其他文件、资料或相关材料，如合同、照片、简历等。

 案例模板

标题	县委书记致第三十五个教师节表彰大会的贺信
称谓	同志们：
正文	第三十五个教师节到来之际，我正跟随省委组织的县委书记学习考察团在外地学习考察。首先，我代表县委、县政府，向全县×××名教师致以诚挚的问候和崇高的敬意！祝大家节日快乐！向受表彰的先进集体和个人表示热烈祝贺！向辛勤工作在教育战线上的同志们表示亲切的问候和衷心的感谢！ 　　一年来，全县教育工作坚持以习近平新时代中国特色社会主义思想为指导，广大教育工作者深入学习和深刻领会习近平总书记关于教育的重要论述，认真贯彻新时代党的教育方针，以"教育经费大投入、教育基础大改善、教师队伍建设大加强、教学质量大提升"为重点，提升办学质量和办学水平，教育综合实力显著提升，自身发展活力和服务经济社会发展的能力明显增强。广大教师默默耕耘、无私奉献，用爱心、知识、智慧点亮学生心灵，培养了一批又一批优秀人才，全县高考本科进线率位居全市第一，"985"和"211"高校录取率连续五年荣摘桂冠…… 　　祝全县广大教师和教育战线的同志们身体健康、工作顺利、生活幸福！全县教育工作再攀新高！
落款	×××（签名） 2019 年 9 月××日

第6章
用"词"点睛

6.1　对称：对比罗列

在公文写作中，对偶用于形成结构上的平衡和韵律，对比用于突显不同事物间的差异，增强说服力，而罗列则用于详细展现信息，确保内容的明确性和全面性。这些手法各有特点，对偶赋予文本和谐与节奏感，对比让主题更加鲜明突出，罗列则有助于理顺事项，使得公文更加条理清晰和全面细致。

6.1.1　对称呼应，文章更有型

公文中的对称，是指两个或两个以上的事物在内容、形式和意义上的一致，是一种非常重要的修辞手段。公文中的对称，主要表现在词序、句式、标点符号、数字等方面。

 分类

从内容上看，公文中的对称一般包括对称和反对称两种形式。

（1）词序对称。词序对称，就是对偶句中词语的排列顺序与所要表达的意思一致。例如：

"十年来，中国人民在中国共产党的领导下，发扬革命传统，艰苦奋斗，不屈不挠，自力更生，团结奋斗，从一个胜利走向另一个胜利。"

"一个好干部就要像'一'样，一身正气，两袖清风。"

（2）句式对称。句子结构对称，是指一种结构相同、句式相似的复句。从内容上看，一般可以分为并列式、层进式和并列式复句三种。

①并列式句式对称。例如：他不但是一位优秀的演员，还是一位敬业的导演；

她既是一位杰出的科学家，也是一位热心公益的志愿者。

这两个句子都采用了"不但……还是……"的结构，前后句结构相同，语义对称，使文本更加平衡和和谐。

②层进式句式对称。例如：他不仅仅是一位杰出的科学家，更是一位获得过多项国际奖项的学者；她不仅仅是一位杰出的演员，更是一位具有社会责任感的公益大使。

这两个句子都采用了"不仅仅……更是……"的结构，前后句递进关系明显，语义对称，使文本更加层次分明、逻辑清晰。

③并列式复句句式对称。例如：身为父母，我们不仅要教育孩子学习、成长，还要培养他们的健康和情感；作为一名教师，我们不仅要传授知识，还要关注学生的成长和发展。

这两个句子都采用了并列式复句的结构，前后句结构相同，语义对称，使文本更加平衡和和谐。

 特点

公文中的词序对称和句式对称是为了增强表达的正式性和严肃性。以下是公文中常见的词序对称和句式对称的特点。

1. 词序对称

重复的修饰词：在公文中会出现一些修饰词的重复，如"充分发挥、深入推进、全面加强"等，这种重复的修饰词可以增强表达的力度和严肃性。

成对的词组：公文中常会使用成对的词组进行对称，如"研究制定、组织实施、加强管理"等，这种对称的词组可以使表达更加平衡和统一。

2. 句式对称

平行结构：公文中常使用平行结构的句子，即使用相同的句型和结构，如"既要……又要……""不仅……而且……"等，这种平行结构可以使句子的结构更加规范和整齐。

反问句：公文中常使用反问句来增强表达的强调和肯定，如"难道我们不应该……吗？""难道不是……吗？"等，这种反问句可以使表达更加有力和令人信服。

 写作要求

在公文写作中，对称方法可以应用到词、句、段各个环节中。

1. 对称词语

对称词语是指两个或多个相对应的词语在语义、音韵或形式上呈现出对称的关系，以强调文本的平衡和和谐。比如，三纲五常（三纲：君为臣纲、父为子纲、夫为妻纲；五常：仁、义、礼、智、信）。

2. 对称句

对称句是指两个或多个句子在语法结构、词汇选择或句型安排上呈现出一种相互呼应的对称结构，这样的句式有助于强调文本的平衡和和谐，同时也能增强表达的韵律感和美感。例如，古文中的 "文章合为时而著，歌诗合为事而作" 就是一个典型的对称句，两个分句在结构和意义上都形成了对称。

3. 对称段落

对称段落是两个或多个段落在结构、主题或表述上的互相呼应，用以强调文章的平衡与和谐。例如，文章的一个段落可能论述科技的利益，对应的另一段落则阐述科技的风险，形成主题上的对称，从而丰富论点并增强说服力。

 **案例模板**

题目：婚姻和爱情

对称句：

婚姻是爱情的坚实保障，爱情是婚姻的美好源泉。

无论是婚姻还是爱情，都需要经过时间的考验和磨砺，才会更加坚固和美好。

对称段落：

第一段：介绍婚姻和爱情的关系

婚姻和爱情是人类生活中最基本的两种关系，它们相辅相成、互为依存。婚姻是爱情的升华，是爱情的延续和稳定；爱情是婚姻的基础，是婚姻的源头和动力。

第三段：探讨婚姻和爱情的不同之处

婚姻和爱情的最大不同是，婚姻需要更多的责任和义务，需要双方承担更多的家庭和社会责任。而爱情则更加注重个人的感受和体验，更加自由和无拘无束。此外，婚姻通常需要更多的妥协和忍让，而爱情则更加追求真诚和自由。

对称词语：

生生不息、爱爱不止

一生一世、情深意长

6.1.2 对比罗列，文章更清晰

对比罗列是一种修辞手法，通过并排展示两种或两类事物的特点来进行对比分

析。它通常采用两种形式：一是并列对比，直接展现事物间的差异；二是逐项对比，详细分析各个相似点或不同点。这两种方法都有助于强化论证的逻辑性和说服力。

 分类

根据对比对象的不同，公文中对比罗列可以分为以下几种。

（1）事物对比罗列：此类对比罗列多用于描述不同事物之间的差异和联系，如产品的特点、工作的进展等。常见的表达方式有"与……相比，……更……""……和……相比，……有……"等。

例如：与传统的产品相比，新产品在功能和性能上有很大的提升。

（2）观点对比罗列：此类对比罗列多用于表达不同的观点或者观点的不同之处，以便于读者更好地理解各种观点的利弊得失。常见的表达方式有"一方面……，但另一方面……""不仅……而且……"等。

例如：一方面，我们需要增加投入，提高效率；但另一方面，我们也要注重品质和安全。

（3）方法对比罗列：此类对比罗列多用于描述不同的方法或者方式，以便于读者更好地理解各种方法的优缺点和适用范围。常见的表达方式有"既可以……，也可以……""无论是……还是……，都需要……"等。

例如：无论是采用市场推广还是口碑传播，我们都需要注重品牌的建设和形象的提升。

（4）问题对比罗列：此类对比罗列多用于描述不同的问题或者问题的不同之处，以便于读者更好地理解各种问题的性质和解决方法。常见的表达方式有"在……方面存在问题，而在……方面则较为良好""虽然……但……"等。

例如：虽然我们在技术方面取得了很大的进步，但在管理方面还存在一些问题，需要加强。

 特点

对比罗列，可以使论证更充分、更有力，而且可以使分析更加全面、客观。一般具有以下几个特点。

（1）突出区别。对比罗列通过对不同事物、问题、观点等进行比较，突出它们之间的差异和不同点，能使读者更加清晰地了解各种情况之间的差异和联系。

（2）易于理解。对比罗列可以通过简单的句式和词语来表达，使读者更容易理解文本的内容，并从中获取需要的信息。

（3）逻辑性强。对比罗列在表达过程中往往会采用一定的逻辑结构，使不同事物之间的关系更加清晰明了，具有很强的逻辑性。

（4）提高说服力。对比罗列可以突出不同事物之间的优缺点，从而提高文章的说服力，使读者更加信服。

 写作要求

对比罗列的使用可以使论证更充分、更有力，同时也可以使分析更全面、客观。以下是对比罗列的写作要求。

（1）运用对比罗列法要有针对性，即选取不同的事物进行比较。如果所选对象不是同一类事物，就难以进行比较；如果所选对象不是同类事物中的两个方面，比较起来就难以全面、客观、准确。

（2）对比罗列的内容要具体、充实。如果对比的两个方面没有什么相同之处，或者虽然有相同之处，但比较起来不够具体、充实，就会使文章显得空洞、乏味，起不到论证作用。

（3）要注意同类比较与不同类比较之间的区别。如果所选事物本身是两种性质不同、内容相关或相反的事物，就要进行同类比较；如果所选事物本身是两种性质相同事物，就要进行不同类比较。

（4）对比罗列要符合逻辑关系。如果所选对象之间的关系是递进关系，则应按顺序展示各自情况。若为对比关系，则应分别陈述，以突出差异。对照关系则要同时揭示两事物的共性与特性。在比较关系下，则需对两对象的相似点和不同点进行详细对照。每种关系都要求信息组织清晰，确保论证的有效性。

（5）对比罗列要有详略之分。要点应详细阐述，而次要信息则应略提及，保证文本的精练和重点突出。

（6）对比罗列要注意语言表达。使用语言要准确无误，既能够体现出对比和罗列的对象的特点，也便于理解和记忆。

 **案例模板**

比如，我们需要对比罗列两种不同的电子产品：手机和平板电脑。

1. 平行对比

产品	特点 1	特点 2	特点 3
手机	便携性好	屏幕较小	功能多样
平板电脑	便携性相对较差	屏幕较大	功能相对简单

通过这个平行对比表格，我们可以清晰地看到手机和平板电脑的主要区别和特点。手机便携性好，功能多样，但屏幕较小；平板电脑屏幕较大，但便携性相对较差，功能相对简单。

2. 交叉对比

产品	特点1	特点2	特点3
手机	便携性好	屏幕较小	功能多样
平板电脑	屏幕较大	便携性相对较差	功能相对简单
相似点	可以上网	触控屏幕	可以安装应用程序

通过这个交叉对比表格，我们不仅可以看到手机和平板电脑的不同之处，还可以看到它们的相似之处。比如，它们都可以上网、都有触控屏幕，都可以安装应用程序。

6.2 修辞：排比比喻

在公文撰写中，排比和比喻都是常用的修辞手法，它们都可以增强文章的表现力和说服力。使用排比可以通过重复相似的语法结构来强化语句的节奏和影响力，使得表达更加鲜明有力，容易让人产生共鸣。而通过恰当的比喻，能够将抽象或复杂的概念通过更加具体和熟悉的事物来阐述，从而帮助读者更加直观地理解和感受文章所要传达的信息。

6.2.1 用排比，逐层加深

排比是通过将相同或类似的语句排列在一起，强调内容的重复和对比，从而达到强调的效果。常用于公文中的开头、结尾或者重要段落，以突出重点，表现作者的语气和态度。

 分类

排比可以根据不同的特点和用途进行分类，以下是几种常见的分类。

（1）同义排比。指列举一系列意义相近或相同的词语或短语，以强调相似性或增强语言的韵律感。例如："爱情忠诚、爱情温暖、爱情永恒。"

（2）反义排比。指列举一系列相对或对立的词语或短语，以突出对比和矛盾，强调冲突或差异。例如："黑夜与白昼、寒冷与温暖、忧伤与喜悦。"

（3）进退排比。指列举一系列表示进步或退步的词语或短语，以表达事物的发展或变化。例如："进一步加强、退一步让步、进退两难。"

（4）修辞排比。指列举一系列修辞性的词语或短语，以增强表达的修辞效果。例如："德才兼备、文武双全、聪明伶俐。"

（5）平行排比。指列举一系列相同句式结构或语法结构的句子或短语，以保持句子结构的平衡和对称。例如："今天是个好日子，阳光明媚；心情很好，万物都欣欣向荣。"

（6）递进排比。指列举一系列递进或渐进的词语或短语，以表达事物的逐步发展或增加。例如："快速进步、稳步前进、飞跃发展。"

特点

排比作为一种修辞手法，具有以下特点。

（1）并列重复。排比手法通过并列的方式重复使用相同或相似的结构、词语或短语，使句子或段落中的各个成分呈现出一种对称和平衡的形式。

（2）强调对比。排比通过逐一列出一连串相互对照的事项、概念或表述，以凸显它们之间的对比，从而提升语言的强调效果和表现力。

（3）增强语言的节奏感。排比手法在句子结构和词语选择上追求一种韵律感，通过重复和平行的结构，给人一种节奏明快、有力量的感觉。

（4）增强表达的力度和感染力。排比手法通过列举一系列类似的词语或句子，累积语言的力量，使表达更加生动、有力，引起读者或听众的共鸣和情感共鸣。

（5）增加修辞效果。排比手法作为一种修辞手法，能够增加语言的修辞效果，使表达更加生动、形象，给人留下深刻的印象。

写作要求

排比作为一种修辞手法，在使用时有一些写作要求，包括以下内容。

（1）使用相同的句子结构。例如："我要的不是金钱，我要的不是名利，我要的是精神上的满足。"

（2）使用相同的词语。例如："我们要珍惜时间、把握机会、追求卓越。"

（3）使用相同的语调和韵律。例如："生活需要勇气、生活需要智慧、生活需要坚持。"

（4）使用相似的句子结构和词语。例如："我们要发扬民主、倡导文明、推进和谐。"

需要注意的是，在使用排比时，要注意不要过度使用，否则会让文章显得太过矫揉造作，影响阅读体验。

案例模板

以下是一份回函，其中运用了排比的修辞手法。

致×××先生：

您的来函令我深感振奋、感动和鼓舞。您在信中提到的问题，正是我们一直在努力解决的难题。

我们的目标是：提高服务水平、加强团队合作、优化管理体系、增强企业竞争力。

为了实现这些目标，我们已经采取了一系列措施：加强培训、提高工作效率、改进服务流程、优化资源配置、增强企业文化。

我们相信，只要我们坚定信心、齐心协力，就一定能够取得成功。

感谢您对我们工作的关注和支持，期待与贵公司的进一步合作。

此致

敬礼！

×××公司

以上公文中，使用了排比的修辞手法，将目标、措施和信念等内容进行了归纳和总结，使文本更加简洁有力，增强了表达的说服力和感染力。

6.2.2 用比喻，形象直观

比喻是一种修辞手法，通过将一个事物与另一个不同的事物进行比较，以便于读者更好地理解文章的意思。公文中常用比喻来描述某种状态、情况或者问题，从而使读者对文章内容进行更深入的理解。例如："改革开放是中国经济的春天""全国人民如同一条巨龙，共同奋斗，共同发展"。

 分类

根据比喻的表现形式和特点，可以将其分为以下三类。

（1）形象比喻。形象比喻是指通过描述某个事物的形状、颜色、大小、习性等特征，来比喻另一个事物的特征和性质。形象比喻常用于公文中描述具体的事物或者情况，使读者更加生动形象地理解文章的内容。

例如，这个项目是我们事业发展的催化剂，能够加速我们向前的步伐，就像春雨促进万物生长一样，它将为我们带来新的活力和机遇。

（2）修辞比喻。修辞比喻是指通过比较两个不同的事物来表达某种特定的含义或者情感。修辞比喻常用于公文中表达某种议论、观点或者态度，使读者更好地理解文章的主题和目的。

例如："我们要像划船的人一样，紧握双桨，才能顺利驶向成功的彼岸。"

（3）隐喻比喻。隐喻比喻是指通过比较两个不同的事物，来暗示某种特定的含义或者意义。隐喻比喻常用于公文中表达某种抽象的思想、理念或者价值观，使读者更好地理解文章的深层含义。

例如："我们的队伍是一条铁链，每个人都是铁链上的一环，只有紧密相连，才能发挥出最大的力量。"

 特点

比喻是一种修辞手法，它的特点包括以下几点。

（1）生动形象。比喻通过与形象、具体、可感知的事物进行比较，使抽象的概念、观点和情感变得生动形象。比喻能够使读者更直观地理解文章的内容，增强文章的感染力和说服力。

（2）语言生动。比喻常常采用形象、生动、具有感染力的语言，使文章更加有趣、有味道。

（3）意义深刻。比喻不仅仅是简单的事物比较，更是通过比较来表达某种特定的含义或者意义。比如说，"知识之于思想，犹如火种之于火焰"，不仅比较了知识和火种的关系，更深层次地揭示了知识是思想成长和发展的基础。

（4）让读者联想。比喻通过将抽象或复杂的概念与读者熟悉的事物进行对比，引发读者的想象和联想，以此来加深对文章内容的理解和感知。例如，将艰难的生活挑战比作攀登峻峭的山峰，不但形象地解释了挑战的艰难程度，也激励读者想象攀登成功后的成就感和荣耀。

 写作要求

比喻作为一种修辞手法，在使用时有一些写作要求，具体有以下几点。

（1）精准恰当。公文中比喻的写法需要精准恰当，即比喻所表达的含义必须符合文章的主题和目的，不能造成误解或者引起歧义。比喻所比较的两个事物也需要具有一定的相似性和关联性，才能更好地表达文章的意义。

（2）生动形象。公文中比喻的写法需要生动形象，即比喻所描述的事物需要具有形象丰富、具体明了的特点，使读者能够直观地感受到文章的内容和意义。比喻中的形象也需要符合读者的常识和经验，避免使用过于抽象或者玄奥的比喻形式。

（3）灵活多样。公文中比喻的写法需要灵活多样，即比喻的形式和类型可以根据文章的需要和目的进行选择和运用。比喻可以有形象比喻、修辞比喻、隐喻比喻等不同的形式，可以根据具体情况进行选择和运用。

（4）增强感染力。公文中比喻的写法需要增强感染力，即比喻所表达的意义需要与文章的主题和目的相符合，能够让读者产生一定的感染力和共鸣力。比喻需要具有一定的文学性和艺术性，能够使文章更加具有说服力和表现力。

案例模板

某公司在内部公告中需要表达对员工的感谢和鼓励，同时希望员工们能够继续努力工作，以实现公司更好地发展。其中就使用了比喻手法来增强公告的表现力和感染力，例如：

"我们的员工就像是一支勇往直前的军队，他们勇敢地面对各种挑战，不断追求进步和创新。正是因为有了他们的努力和贡献，我们的公司才能够不断发展壮大。同时，我们希望每一位员工都能够继续保持奋斗的精神和进取的态度，为公司的未来贡献更多的力量。"

在这个案例中，主要使用了形象比喻和修辞比喻这两种比喻手法。通过比喻员工为一支勇往直前的军队，来表达员工的勇气和进取精神。这种比喻具有生动形象的特点，能够使读者更加直观地感受到员工的努力和贡献。同时，通过使用修辞比喻，将员工的努力和贡献与公司的发展联系起来，表达了公司对员工的感谢和鼓励，增强了公告的感染力和说服力。

6.3 诗句：引经据典

诗句具有文学性、艺术性和感染力，可以为文章增添表现力和韵味，使文章更富有感染力和说服力。经典诗句和经典名句独具特色，能够引起读者的共鸣，让文章更加生动形象。

6.3.1 引用诗句，提升内涵

在公文撰写中，恰当引用诗句可以提升文辞的文化底蕴和审美价值，同时，诗句的深邃意境和韵律之美能够增强语言的表现力，引发读者情感共鸣，从而有效提升文章的说服力和吸引力。

分类

公文中引入诗句可以根据其使用方式和作用，分为以下几种。

（1）开篇引用。在公文开篇引用诗句，可以为公文增加一些文学气息，增强文章的表现力和韵味。这种方式适用于一些庄重、正式的公文，如纪念性质的文件、表彰性质的通知等。

（2）引入主题。在公文中引入与主题相关的诗句，可以更好地表达文章的主旨和意义，增强文章的说服力和表现力。这种方式适用于一些正式性较强、有一定文学性质的公文，如政府文件、领导讲话等。

（3）表达情感。在公文中引用诗句，可以表达作者对某一事件或某一对象的情感和态度，增强文章的情感色彩和感染力。这种方式适用于一些具有感性色彩的公文，如慰问信、感谢信等。

（4）引领思路。在公文中引用诗句，可以引领思路，帮助读者更好地理解文章，并且使文章更加生动形象。这种方式适用于一些较为抽象、难以理解的公文，如调研报告、学术论文等。

特点

在公文撰写中，引用诗句有其独特作用，包括以下内容。

（1）增强表现力。诗句具有文学性、艺术性和感染力，可以为公文增添表现力和韵味，使公文更富有感染力和说服力。这些诗句独具特色，能够引起读者的共鸣和感受，让公文更加生动形象。

（2）体现文化底蕴。在公文写作中嵌入诗句，可以彰显作者的文化素养和修养，同时为公文增添文化内涵和艺术感。这些精选的诗句不仅反映了人类文化的精华，也是中华文化魅力的一种体现。

（3）增加亲和力。引用诗句可以增加公文与读者之间的亲和力和交流性。这些诗句是文化遗产，是广大读者所熟知和喜爱的文化符号，引入这些诗句可以增强读者对公文的兴趣和理解，拉近读者与作者之间的距离。

（4）强调主题。公文中引入诗句可以帮助作者更好地表达公文的主题和意义。通过引用这些诗句，可以使公文更加深入人心，让读者更好地理解和领会公文的主旨。

（5）增强文化自信。在公文写作中融入诗句能够展示中国传统文化的独特魅力，同时提升民族的文化自信。诗句作为中华文化的宝贵财富，其引用不仅能够丰富文本内容，还能帮助读者更深刻地理解和继承中华优秀传统文化。

写作要求

在撰写公文时，我们对引用诗句和经典有一些具体要求，包括以下几点。

（1）直接引用。直接引用是一种较为常见的引用方式，可以直接将诗句放在公文中，用引号括起来，并注明出处。例如："'野火烧不尽，春风吹又生。'这是唐代诗人白居易的名句，意味着不屈不挠，生生不息的精神。"

（2）隐喻引用。隐喻引用是一种含蓄的引用方式，可以在公文中运用诗句的意象来表达作者的观点。

（3）适当改编。有时候，为了更好地表达公文的主题和意义，可以适当改编诗句，使其更符合公文的语境和表达需要。例如：在一封慰问信中，可以将李商隐的"相见时难别亦难，东风无力百花残"改编为"相逢虽难别亦难，天灾无情人有情"，以此来表达对受灾群众的慰问和关怀。

（4）合理运用。在运用诗句时，需要根据公文的内容和主题来选择合适的诗句，不可滥用或过度夸张。同时，需要注意文体的统一性，避免在正式的公文中过分运用诗句，影响公文的严肃性和实用性。

案例模板

亲爱的姐妹们：

在这春意融融、鲜花烂漫的三月，我们迎来了"三八"国际劳动妇女节。在这个特殊的日子里，我代表公司向全体女职工致以节日的问候和良好的祝愿！同时，也要向关心和支持我们妇女工作的职工家属表示最诚挚的谢意！

过去的一年，你们展现了巾帼不让须眉的精神，无私奉献、攻坚克难，为公司的发展和稳定作出了重要贡献。你们以勇往直前、创新发展的状态，攻坚克难、创造了辉煌业绩。正如蒲松龄《落第自勉联》中写道："有志者，事竟成，破釜沉舟，百二秦关终属楚；苦心人，天不负，卧薪尝胆，三千越甲可吞吴。"正是因为你们无私奉献的精神和坚持不懈的努力，公司才能在困难面前屹立不倒。你们的付出和努力是我们共同成长的动力，也是我们前进的底气。

最后，我希望你们继续发扬巾帼不让须眉的精神，坚定自尊、自信、自立、自强的态度，做自尊自信、自立自强的女性典范。愿你们在新的一年里，保持工作的热情和责任感，努力奉献，为公司的高质量发展作出更大的贡献。同时，也祝愿你们节日快乐，家庭幸福美满，身体健康，万事如意！谢谢大家！祝愿你们节日快乐！

　　此致

　　　　敬礼

公司领导

　　通过此封慰问信的写作，我们可以看到诗句引用的作用。这封慰问信的主题是向广大女职工表示慰问和关心，因此在信中引用了"有志者，事竟成，破釜沉舟，百二秦关终属楚；苦心人，天不负，卧薪尝胆，三千越甲可吞吴。"这句诗句，表达了艰苦卓绝，不屈不挠的精神，以此来表达对女职工辛勤付出的感谢和鼓励。这些诗句的引用与公文主题相符合，表现出对女职工的关怀和敬意，增强了公文的感染力和温度感。同时，在整个公文中，诗句的运用也很得当，没有影响公文的实用性和严肃性，而是起到了衬托公文气氛和内涵的作用。

6.3.2　引经据典，提升高度

　　经典名句与权威理论是重要的论证工具，将其引入公文可以体现作者的文化底蕴和修养，增强文章的文化气息和艺术魅力，同时也能增强公文作品的专业性、权威性。

 分类

　　公文中引经据典可以根据引用的内容和形式进行分类。以下是一些常见的分类。

　　（1）名言警句。引用著名人物的名言或警句，如孔子的经典格言、历代伟人的语录等。这种引用方式常用于开篇或结尾，通过简洁有力的言辞来概括主题或强调观点。

　　（2）文学典故。引用文学作品中的典故，如《红楼梦》《西游记》等。这种引用方式常用于表达感情或点明主题，通过文学形象来丰富公文的意境和表达。

　　（3）历史典故。引用历史事件或人物的典故，如古代战争事例、历史名人的事迹等。这种引用方式常用于说明问题的来龙去脉、借古讽今或论证观点的合理性。

　　（4）学术权威。引用学术研究成果或专家学者的观点，如引用学术论文、专业书籍或权威榜样的论述。这种引用方式常用于论证公文的科学性、可行性和专业性。

　　（5）经典案例。引用经典的案例或事例，如法律案例、成功经验等。这种引用方式常用于论证问题的实际影响、说明解决方案的可行性或提供具体的例证。

（6）经济数据。引用具体的经济数据或统计数字，如 GDP 增长率、就业率等。这种引用方式常用于支持论述的客观性和可信度，提供实证依据。

 特点

公文中引经据典是一种常见的修辞手法，具有以下特点。

（1）信服力。引经据典可以增加公文的信服力。通过引用经典的观点、名人名言或权威的研究成果，可以借用他人的权威性和知名度来支持公文的论述，使其更加有说服力。

（2）增加文化内涵。引经据典能够为公文增加文化内涵。经典的引用通常与文化、历史、哲学等领域有关，能够使公文更富有深度和广度，表达出丰富的思想和观点。

（3）易于理解。引用经典名言或常用警句往往易于为广大读者所理解，因其广为人知的特性使得信息的传达更为直接和高效。这样的引用方法有助于公文观点的清晰传达，并与读者建立起共鸣，形成有效沟通。

（4）修辞效果。引经据典可以增强公文的修辞效果。经典的引用往往以简洁、精练的形式出现，能够通过对比、对照等修辞手法，使公文的表达更生动、有力，提升文风和语言的艺术性。

（5）注重权威性和准确性。在公文中引经据典时，需要注重引用内容的权威性和准确性。要确保引用的内容来源可靠，避免误引或引用不准确的信息。同时，要注明引用的来源，以尊重原作者的知识产权。

 写作要求

在公文中引经据典时，有一些写作要求需要注意。

（1）准确性。引用的经典内容应准确无误，确保与原文一致，避免歪曲原意或误导读者。如果需要对原文进行删减或修改，那么应该在引文中明确注明。

（2）权威性。引用的经典内容应选择权威可信的来源，如著名学者、专家、权威出版物等。确保所引用的内容具有学术、专业或历史的权威性，增强公文的可信度和说服力。

（3）恰当性。引用的经典内容应与公文的主题和目的相符，确保引文能够恰如其分地支持论点、论证观点或说明问题。避免滥用经典内容，以免显得夸大事实或太过夸张。

（4）简明性。引用的经典内容应尽量简洁明了，避免过多的冗长引述。在引文之前或之后，可以加入简短的解释或扼要说明，使读者能够更好地理解引文的意义和作用。

（5）适当注释。在引文中，可以适当加入注释或解读，以便读者更好地理解引文的背景、含义或作者的观点。注释应简明扼要，避免过多的注解，以免影响公文的整体流畅度。

（6）引文格式。根据公文的文体和格式要求，正确使用引文的格式，如使用引号、斜体、行间距等。同时，参考相关的引文格式规范，如美国心理协会刊物准则（American psychological association，APA）、MLA（美国现代语言协会制订的论文指导格式）等，确保引文的格式规范和一致性。

案例模板

某市政府发布了一份关于加强城市环境整治的紧急通知，要求各区、各部门加强协作，全力以赴推进城市环境整治工作。

在这份紧急通知中，市政府引用了唐代诗人李白的诗句"登高壮观天地间，大江茫茫去不还"，表达了对城市环境整治工作的远大理想和坚定信念。

具体内容如下：

"要以'天下为公'的视野，坚定信念，勇攀高峰，推动城市环境整治工作向更高水平迈进。正如唐代诗人李白所说'登高壮观天地间，大江茫茫去不还'，我们要勇攀巅峰，放眼未来，让城市环境更加美丽，让市民生活更加宜居。"

这样的引用方式，不仅使公文的内容更加生动、形象，而且能够加强公文的文学性和艺术性，起到了很好的宣传和鼓舞作用。同时，通过引用诗句，还能够使公文更有文化底蕴，更有思想性和艺术性，使读者更容易产生共鸣和认同感。

总体来说，公文中引经据典的运用，需要注意选材合理、语境恰当、用词得体，才能达到更好的效果。

第 7 章
集"库"提效

7.1 素材整理成库

素材整理成库是公文写作中的重要环节，涉及收集、整理、编辑、分类和统计等步骤。首先，要通过各种渠道收集相关信息，包括文字资料、数据统计、调研报告等。其次，对收集到的素材进行筛选和整理，剔除无关或重复的内容，并按照主题进行分类。接下来，对素材进行适当的编辑，确保表达准确和清晰。最后，可以进行统计分析，生成有价值的信息和结论。

7.1.1 素材积累养成习惯

要提高公文写作能力，就必须重视积累素材。所谓"巧妇难为无米之炊"，没有积累素材的能力，就无法写出高质量的公文，更无法写出有价值、有影响力的文章。素材库可以帮助你更快地找到所需的素材，节省查找和整理素材的时间。

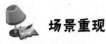 **场景重现**

小刘是某单位的一名公文写作人员，他已经写公文有一段时间了，但总是感觉文章的素材不够丰富，无法下笔。

这天，小刘接到了上级领导通知，要他准备一篇关于总结近期工作的讲话稿。小刘信心满满地写完讲话稿交给领导，可是领导只看了一眼就把稿子退了回来，并指出讲话稿空洞无物，缺乏翔实的事例和数据。

小刘意识到自己的不足，但却不知道该如何积累素材，他感到焦虑和无助，于是找到华姐请教。

 分析解惑

小刘找到了同事华姐请教，希望能够得到华姐指点。华姐告诉他，积累素材的方法有很多，但最重要的是要有耐心和恒心。

华姐：首先，你需要养成阅读的习惯。多读书、多看报，让自己的思维有广度和深度。其次，要学会调研和实践，积极参与工作和生活中的各种活动，积累实践经验。最后，要学会思考和总结，把自己的经验和思考记录下来，形成自己的素材库。

华姐：你要学会将平时看到的、听到的、想到的好词好句、优秀的文章及讲话随时记录下来。同时，要养成边写边思考的好习惯，在写作过程中要不断地进行分析、思考、比较，认真总结归纳出自己独特的见解和观点。

华姐还建议小刘要有一个专门的素材库，可以用电子文档或笔记本等方式记录自己搜集到的素材，方便日后查找和使用。

经过一段时间的努力，小刘终于养成了积累素材的好习惯。他用笔记本记录下自己搜集到的各种资料，并且不断更新和整理。在他的素材库中，有工作经验、行业资讯、政策法规、名人名言、文化典故等多种类型的素材。

 改后材料

尊敬的领导、各位同事：

大家好！

我很高兴能够在这里分享我的一些思考和体会。

我们的单位一直致力于提高工作效率和服务质量，取得了一些显著的成绩。但是，我们也面临着不少的困难和挑战。如何突破瓶颈，实现更高水平的发展，是我们每个人都需要思考和探讨的问题。

在我看来，实现高质量发展的关键在于创新和协同。创新是推动社会进步的重要动力，也是我们单位发展的必由之路。我们要不断挖掘潜力，发掘创新资源，加强技术创新和管理创新，为单位的可持续发展提供强有力的支撑。

协同是实现高效运作的重要保障，也是我们单位发展的需要之一。我们要加强各部门之间的协同配合，优化工作流程和信息共享机制，提高工作效率和服务质量。

当然，创新和协同不是对立的，它们互相促进、相互作用。只有创新和协同相结合，才能够实现高质量发展的目标。我们要不断探索和实践，积极引领单位的发展方向，为实现更高水平的发展贡献自己的力量。

最后，我想引用一句名言来结束我的讲话："没有伟大的个人，只有伟大的团队。"我相信，在我们共同的努力下，我们的单位一定能够取得更加辉煌的成就！

谢谢大家！

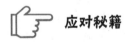 **应对秘籍**

要养成经常搜集素材的习惯，在工作中积累材料，在学习中积累材料，这样才

能写出高质量的公文。

（1）直接积累。就是把平时工作中听到、看到、想到的重要信息和素材，及时记录在本子上、手机里或者电脑中，以备使用时随时调用。

（2）专题收集。就是把工作中涉及的问题，按类别进行收集、整理、归纳，以备使用时进行查找使用。

（3）网络搜索。就是把平时在工作中获取的各种信息、材料，通过网络搜索查找出来，并分类整理保存在电脑里或者文件夹里。

（4）调研了解。就是把收集到的信息和材料，与上级单位领导和其他同志交流探讨，了解工作情况和经验做法。通过调查问卷等方式，了解领导关注和群众关心的热点问题；通过网络平台了解经济社会发展情况、一些新提法等。

（5）学习借鉴。就是把平时在工作中收集到的材料，按照不同主题或类别进行分类整理后进行学习借鉴。

（6）领导讲话。就是把平时领导讲过的话、在会上发表过的讲话等材料，认真分析研究后，进行分类整理并保存好。

（7）其他素材。如各类媒体报道等资料。

7.1.2 归类排重整理得法

在日常工作中，我们会发现有些材料相似度很高，这样的材料写出来之后很难达到让人眼前一亮的效果。要解决这个问题，需要我们从整体上对材料进行归纳排重。

 场景重现

小刘在工作中常常遇到一些材料相似度很高的情况，他发现虽然自己有足够的素材库，但是写出来的文章效果并不理想。他开始意识到问题的关键在于材料没有被很好地分类。

小刘开始思考如何对素材进行分类，但是他感到有些无从下手，因为他不知道应该如何对素材进行分类。

 分析解惑

华姐：在日常的工作中，我们常常遇到内容极为相似的资料，这会导致撰写出的材料缺乏新意，难以引起关注。为了克服这一难题，我们必须从宏观层面对资料进行综合整理和精练，去除重复内容，确保呈现出的内容既具有创新性又能吸引读者的注意。

小刘：那我具体该如何操作呢？

华姐：第一步，对材料进行分类。可按照内容、形式、来源、性质、特征等因素进行分类。内容分为基本信息类、背景资料类、特色亮点类；形式分为文字材料和图片材料；来源分为内部资料和外部资料；性质分为重要事项类、基本情况类；特征分为基本特征和特色特征。

第二步，就是在分类的基础上，对素材进行筛选，找出其中重复度较高的部分进行剔除。

小刘：如何进行排重呢？

华姐：素材搜集多了，一定会出现内容重复或者相似的情况，这样我们就需要进行排重。找出相同点是材料排重的第一步，也是最重要的一步。通过相同点可以判断材料之间是否存在重复，以及是否有大量雷同。如果是大量雷同，那么就要仔细核对前后文的表达逻辑是否一致，与主题是否相符，是否有大量的数据支撑等。

例如，在写作领导讲话稿时，经常会出现"增强政治意识、坚定政治信仰、保持政治定力、严守政治纪律、强化政治担当"这几个关键词。在此基础上，我们就要关注其中与主题相关的部分，并进行重点排重。

又比如，在领导讲话稿中提到"加强学习"，那与之相关的部分就是工作重点；如果在讲话稿中提到"注重能力建设"，那与之相关的部分就是工作难点；如果在讲话稿中提到"严格管理"，那与之相关的部分就是工作要求。

小刘：我明白了，素材搜集好了先做好分类，再做好排重，这样才能更高效地运用素材。

 改后材料

××市场调研报告

为了更好地了解市场动态和行业趋势，本次调研针对不同领域和行业进行了全面的分析和研究。在调研过程中，我们收集了大量相关资料，经过筛选、分类和重排，形成了以下报告。

一、IT 行业调研

1. 当前 IT 行业发展趋势

随着信息化时代的到来，IT 行业已经成为当今世界经济发展的重要推动力。未来，IT 行业将以大数据、云计算、人工智能、物联网等技术为核心，不断拓展应用领域，实现更高水平的发展。

2. 当前 IT 行业存在的问题

（略）

二、金融行业调研

1. 当前金融行业发展趋势

当前，金融行业已经成为当今世界经济发展的重要推动力。未来，金融行业将以科技创新、金融科技、金融服务等为核心，不断拓展应用领域，实现更高水平的发展。

2. 当前金融行业存在的问题

当前，金融行业面临着金融风险、金融监管、金融创新等问题。解决这些问题的关键在于加强监管、加强创新、加强风险防范等。

3. 未来金融行业的发展方向

未来金融行业将以科技创新、金融科技、金融服务等为核心，不断拓展应用领域，实现更高水平的发展。同时，金融行业还将注重金融风险防范、金融监管、金融创新等方面的发展，为保障金融安全、促进经济发展提供强有力的支撑。

三、教育行业调研

1. 当前教育行业发展趋势

（略）

2. 当前教育行业存在的问题

（略）

3. 未来教育行业的发展方向

（略）

四、结语

（略）

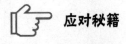 **应对秘籍**

要解决相似素材的问题，以下是 4 条归类排查相似素材的秘籍。

（1）建立分类体系。建立一个清晰的分类体系，将素材按照不同的主题、类型或其他特征进行分类。这样，当有新的素材出现时，可以快速将其归入合适的分类中，避免重复归类。定期检查和优化分类体系，确保其与工作需求和素材特点的匹配。

（2）使用标签和关键词。为每个素材添加标签和关键词，将其与其他相似素材进行关联。通过标签和关键词的搜索和筛选功能，可以快速找到相似素材，并进行比较和排查。在添加标签和关键词时，要考虑素材的特点和关联性，确保搜索的准确性和有效性。

（3）定期整理和比较。定期对素材库进行整理和比较，找出相似度高的素材并进行排查。可以使用一些工具和软件来辅助比较，如文本相似度分析工具。通过比较，可以发现素材之间的差异和重复部分，从而判断是否需要保留或删除某些素材。

（4）建立素材审核流程。建立一个素材的审核流程，确保所有新添加的素材经过审核和评估。在审核过程中，要对相似度较高的素材进行比较和排查，避免重复使用。审核流程可以包括多个层级的审核人员，以确保素材的质量和多样性。

7.2　素材随取即用

在公文写作中，素材是材料的核心，素材储备量越多、越丰富，写作起来就越得心应手。在实际写作中，很多公文写作人员只关注"材料怎么写"这个问题，而忽略了"材料怎么用"这个问题。其实，对于公文写作人员来说，素材的积累是写作的基础，而运用才是我们最终目的。面对积累的大量素材，我们该如何做到"随取即用"呢？

7.2.1　运用工具合理放置

在我们的工作中，经常需要对文档、图片、视频、音频等素材进行分类处理，并进行存储。如何运用工具对素材进行合理放置呢？要做到这一点并不难，我们可以用到两种工具，一个是云空间，一个是素材库。只要学会合理运用工具将素材放置，那么就能节省时间和空间，提高工作效率。

场景重现

小刘是一名市场营销经理，他负责公司的广告宣传和市场推广工作。在工作中，他需要收集大量的文档、图片、视频、音频等素材，并对它们进行分类处理和存储。然而，由于他没有学会合理运用工具将素材放置，导致他经常在用的时候找不到相应的素材，浪费了很多时间和精力。

有一次，公司要开展一项新的广告宣传活动，小刘需要制作一份文案，但是他找不到之前收集的一些相关素材，只能重新搜索和收集，耗费了很多时间和精力。这让小刘深感自己的不足，他决定向别人请教如何合理存储和管理素材。

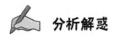　分析解惑

小刘找到了同事华姐，向她请教如何合理存储和管理素材。

小刘：华姐，我发现自己收集了很多文档、图片、视频、音频等素材，但是经常找不到需要的素材，你能告诉我如何合理存储和管理素材吗？

华姐：当然可以。首先，你可以使用云存储服务，将素材存储在云端，这样可以随时随地进行访问和共享。例如，百度网盘、Dropbox（免费网络文件同步工具）、谷歌云盘（Google Drive）等。

小刘：好的，我明白了。还有什么其他的方法吗？

华姐：另外，你可以使用笔记类软件，如印象笔记（Evernote）、有道云笔记、Microsoft Office OneNote 等，将素材转换为笔记形式，并按照不同的主题和标签进行分类，以便更好地管理和查找。

小刘：这个方法不错，我会试一试。还有其他的建议吗？

华姐：在收集到的素材中，有的属于书面文字资料，有的是图片、音频、视频资料等，这类资料都要按照一定的方法进行整理、分类、排序。比如：

（1）文件夹。将收集到的各种素材按照时间、内容和用途进行分类，并按一定的方式进行排序。把文件夹按照一定的逻辑顺序排列起来，便于查找和管理。

（2）卡片和剪贴板。卡片和剪贴板是整理素材的重要工具。卡片上要记下收集到的每个素材，剪贴板里也要记下与所列素材有关的资料。

（3）标签和索引。在整理好的文件夹目录和卡片上，加上标签或索引，方便查找和搜索信息。有些材料要放到不同的文件夹里，在不同类型或属性的文件夹之间加上索引，以便查找和管理，如会议通知、活动方案、工作计划等类型的文件夹都要加上索引。

通过这种方式可以起到拓展素材收集范围的作用，避免材料收集太过单一造成重复工作，也能方便查找和管理这些资料。

　改后材料

以下是小刘按照华姐的方法，对素材进行规整和管理后，快速完成的一份会议简报。

×××公司会议简报

会议时间：××××年××月××日

会议地点：×××会议室

会议主题：公司市场推广计划

会议内容：

一、市场现状分析

1.1 目标市场

目标市场为年龄在 18～40 岁的年轻人群，主要关注时尚、生活品质和环保等方面。

1.2 竞争对手分析

分析了当前市场竞争对手的产品优劣势，以及他们的市场份额和市场策略等方面，为制订公司的市场推广计划提供了参考。

二、市场推广计划

2.1 宣传推广方案

通过在各大社交媒体、公众号、微博等平台上发布相关宣传内容，吸引目标用户的关注和参与，并采取优惠活动等措施，提高产品的知名度和用户的购买率。

2.2 渠道推广方案

通过线上渠道和线下渠道相结合的方式，将产品推销到更广泛的用户群体中，如在电商平台、超市、商场等地方展示和销售产品。

三、总结和建议

通过对市场现状、竞争对手和公司产品的分析，制订了一套科学的市场推广计划。建议在执行过程中，多关注用户的反馈和市场情况的变化，并及时调整和优化市场推广计划，以符合市场需求和用户需求。

👉 应对秘籍

对于公文的素材，要学会使用各种工具进行合理规整，这样才能更好地提高公文写作的效率和质量。以下是一些常用的工具和技巧。

（1）云存储。将素材存储在云端，如 Google Drive、Dropbox、OneDrive 等。这样可以随时随地访问素材，无须依赖特定设备。

（2）资料归档。通过按类别、时间顺序等方法对材料进行分类，创建相应的文件夹，以便能迅速查找到所需的资料。

（3）搜索工具。使用搜索工具，如 Windows 的文件搜索功能、Mac 的 Spotlight（搜索引擎）、专业的文件管理软件等，通过关键词搜索快速找到所需素材。

（4）注释应用。采用如 Evernote、Microsoft Office OneNote 等标注应用程序，给素材打上标签、添加注释或摘要，以便于迅速回顾和检索。

（5）建立索引表。在 Excel 或 Google Sheets（谷歌工作表）中建立一个索引表，记录素材的名称、分类、关键词等信息，通过筛选和排序功能，快速定位所需素材。

（6）虚拟助手。使用虚拟助手，如语音助手、聊天机器人等，通过语音或文字输入，告知所需素材的关键信息，虚拟助手会帮助你查找并提供相应素材。

（7）内部分享平台。如果是团队合作，那么可以使用内部分享平台，如企业内部网盘、协同工具等，将素材上传分享给团队成员，大家可以自行查找和使用。

7.2.2　分类搜索随取即用

公文写作人员经常要撰写各种工作材料，面对浩如烟海的素材，很容易出现收集困难、整理困难、使用困难的情况。为了有效解决这些问题，建立一套高效的分类搜索系统至关重要。通过精细的分类和科学的管理，我们可以确保每一份材料都能够随取即用，极大提升公文写作的效率和质量。

小刘是一名公文写作人员，每天需要收集大量的文档、图片、视频等素材，并撰写大量文字材料。由于没有对搜集到的素材进行分类整理，导致他经常找不到需要的素材，浪费了很多时间和精力。

一次，小刘接到一个紧急任务，需要立即撰写一篇对外新闻公告，但是他找不到之前收集的相关素材，只能重新搜索和收集，耗费了很长时间，这让小刘深感自己的不足，他决定向华姐请教如何分类整理和搜索素材，做到随取即用。

小刘找到了同事华姐，向她请教如何分类整理和搜索素材，做到随取即用。

小刘：华姐，我发现自己收集了很多文档、图片、视频等素材，但是经常找不到需要的素材，你能告诉我如何做到随取即用吗？

华姐：每个人收集素材的目的不同，有的是为了应付日常工作需要，有的是为了完成某项任务，有的则是为了锻炼自己，还有的则是为了研究和学习等。不管出于什么目的，我们都可以采用分类搜索的方法来解决这个问题。

（1）构建资料数据库。在创建资料数据库时，需注意两个要点：首先，确保分类清晰，可以基于时间序列、资料性质或主题等进行划分；其次，定期进行内容更新。一旦资料数据库建立完成，若未持续更新，便可能导致资料遗失或过时。

（2）使用"云搜索"技术。建立资料库之后，需要持续对其进行更新与丰富。这项任务可以借助互联网技术来实现。互联网技术更新迅速，可以快速获取最新资讯。同时，互联网还允许我们将关键素材以图像、视频、文档等多种格式进行存储和分享，便于资料的保存和协作使用，从而为写作工作带来方便。

（3）建立工作笔记制度。工作笔记是指用来记录自己在工作过程中所产生的一些想法、心得、体会等内容的小本子。工作笔记可以是纸质的也可以是电子的，其主要目的是对自己在工作中的一些重要问题进行思考和总结，以便于日后查询和使用。

（4）建立个人资料管理制度。现在很多单位都开始使用电子办公系统进行办公，在使用过程中可能会出现一些电子文件被误删或丢失等情况。因此，建立一个电子素材库就显得尤为重要了。在建立这个电子素材库时要注意以下两点：第一是建立好相关的分类系统；第二是要对素材进行备份以确保其安全可靠。

（5）定期对资料进行归档和分类整理。这是对于素材管理来说比较重要的一点，因为只有这样才能更好地对资料进行分类管理与查找，才能确保其"有据可依"。

小刘：好的，我明白了。还有什么其他的方法吗？

华姐：平时要养成积累素材的好习惯，只有这样才能确保在写作过程中不会出现"等米下锅"的情况，也只有这样才能确保在写作过程中"下笔如有神"。

 改后材料

以下是小刘紧急完成的对外新闻发布公告。

×××公司对外新闻发布公告

时间：2021 年 8 月 15 日

主题：×××公司推出新产品

内容：

×××公司近日推出了一款新产品，该产品采用最新的科技和材料，具有超强的性能和稳定性，受到了广大用户的高度赞扬。

该产品主要针对年轻人群体，主打时尚、轻便、易携带等特点，满足了年轻人日常生活和工作的需求。

该产品的发布，标志着×××公司在科技创新和用户需求方面取得了重大突破，也为公司的未来发展打下了坚实的基础。

×××公司将继续秉承"科技创新、用户至上"的理念，不断推出更多更好的产品，为广大用户提供更优质的产品和服务。

 **应对秘籍**

公文写作人员要学会有效地进行素材分类搜索，并能够随时取用所需素材。这

样不仅能提高工作效率，还能保证素材的质量和准确性，提升公文的写作质量。

（1）明确目的和需求。在进行公文素材分类搜索之前，明确自己的目的和需求。确定需要哪些类型的素材，如法律法规、统计数据、案例分析等，以便更有针对性地进行搜索。

（2）建立分类标准。根据目的和需求，建立一套分类标准。可以按照主题、类型、时间等多个维度进行分类，确保分类体系清晰合理，并能够满足日常工作或任务的需要。

（3）收集和整理素材。根据建立的分类标准，开始收集和整理素材。可以通过网络搜索、专业数据库、图书馆资源等途径获取素材，并按照分类标准进行整理，建立起自己的素材库。

（4）建立索引和标签。为了方便随取即用，建议为每个素材建立索引和标签。可以给每个素材添加关键词、摘要、来源等信息，方便后续搜索和使用。

7.3　素材运用得法

在公文撰写的过程当中，适当的素材选择和应用至关重要。作者应当结合写作的目标及预期读者来挑选恰当的素材，并通过引用、举证等手段予以运用。这样做不仅能够强化论点的影响力和可信性，还能让读者更加清晰地理解并赞同作者所表达的立场。

7.3.1　素材取舍有度

公文写作，需要大量的素材，但不是所有的素材都适合拿来使用。如果一味地胡乱堆砌，不仅会浪费素材，也会降低文章的质量。因此，在具体写作中，应该对素材进行取舍，即"以精为主、以简为辅"。也就是说，在选择和使用材料时，要把握好"精"与"简"的尺度。所谓"精"，就是要精选有代表性、典型性和时代性的材料，做到点面结合、虚实结合、正反结合、新旧结合；所谓"简"，就是要删繁就简、去粗取精、去伪存真。

 场景重现

小刘在写作过程中，总是把握不好"精"与"简"的尺度，经常把大量无关或冗长的素材堆砌在文章中，导致文章质量下降。

一次，小刘需要写一篇工作总结，他找来了之前搜集的大量素材，却不知道该如何筛选和运用，因此他决定向别人请教如何对素材进行取舍，做到精简有度。

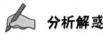 分析解惑

小刘：华姐，我在写工作总结的时候，发现自己有太多的素材需要使用，但是不知道如何取舍，你能告诉我应该如何做吗？

华姐：当然可以。在使用素材时，你应该以文章的主题和目的为导向，筛选出和文章内容相关、能够支撑和补充文章论点的素材，避免使用冗长、无关或过时的素材。

小刘：好的，我明白了。还有其他的建议吗？

华姐：首先，我们不能让素材成为"鸡肋"。在公文写作中，素材往往不是越多越好，而是要精简有度，避免浪费。比如："要加快培育具有国际竞争力的现代产业体系，大力发展实体经济。""要深入推进'放管服'改革，加快打造市场化法治化国际化营商环境。""要树立一盘棋思想，把加强党的领导和完善公司治理统一起来，把党组织机构设置和人员配备统一起来，把党建工作和生产经营统一起来。"这些素材使用过多，则会浪费时间和精力，使人感到文章冗长乏味，缺乏针对性、指导性和可读性。如果只注重"数量"而不注重"质量"，那就成了对素材的一种浪费。因此，在使用素材时，既要善于取舍、善于组合，又要善于变通、善于融合。只有这样才能避免浪费素材的现象发生。

其次，我们不能让素材成为"夹生饭"。在具体的工作中，我们会遇到一些需要引用素材的场合，而这些素材往往是在会议上、工作总结中、调研报告中、讲话中积累起来的。有的材料在使用过程中，甚至成为"夹生饭"，影响了文章的质量和效果。例如，一些单位召开工作会议，总结全年工作，肯定成绩时用到了很多素材，而在分析问题时却用不上这些素材。究其原因，主要是这些素材没有与中心思想紧密结合起来。另外，在会议上积累的材料也不能直接拿来使用。如果材料与主题不相关联、不相一致、不相适应，就会影响文章的效果。

华姐：因此，在写作中要对材料进行选择和取舍，做到精挑细选、去粗取精、去伪存真、点面结合、虚实结合和新旧结合，这样素材才不会成为"夹生饭"或者"鸡肋"。

 改后材料

以下是小刘按照华姐的方法，对素材进行取舍和运用，精简有度，撰写的一篇工作总结。

×××公司 2021 年工作总结

一、工作回顾

2021 年，×××公司在市场竞争激烈的环境中，积极应对各种挑战，推进了一

系列的工作，取得了一定的成绩。具体来说，我们主要做到了以下几点：

1. 加强了内部管理，提高了工作效率。

2. 扩大了市场份额，提高了品牌知名度。

3. 加强了人才培养，提高了员工素质。（略）

二、工作展望

2022年，×××公司将继续秉承"团结协作、稳步前行"的理念，进一步加强内部管理，拓展市场份额，加强人才培养，实现公司的可持续发展。

1. （略）

2. （略）

应对秘籍

对材料进行取舍，必须着眼于公文写作的需要，不能为素材而素材。因此，在平时的工作生活中，要时刻留心观察、收集和积累素材。

（1）准确性优先。在写作公文时，素材的准确性是最重要的。确保所使用的信息真实可靠，可以通过查阅权威的资料、采访相关人士等方式来获取准确的素材。

（2）权威性选择。在选择素材时，尽量选择来自权威机构或专业人士的观点和数据。这样可以增加公文的可信度和说服力，并避免因使用不可靠素材而影响公文的形象。

（3）适用性考虑。在取舍素材时，要考虑其与公文内容的适用性。选择与公文主题相关、能够支持文中论述的素材，避免无关或重复的信息，以保持公文的紧凑性和逻辑性。

（4）多样性平衡。在使用素材时，要注意平衡不同来源和观点的呈现。避免片面倾向或排斥其他观点，体现公正、客观的态度。同时，注意语言表达的平衡，避免过多的技术术语或专业用语，使公文更易于理解和接受。

7.3.2　素材运用有法

在公文写作中，面对公文创作时的素材缺乏困境，关键是学会巧妙整合并应用现有资源。我们应主动收集、归类和更新各类资料，以此为基础，结合实际情况，灵活运用到写作中，从而丰富文章的内容和深度。

 场景重现

在写公文时，我们经常会遇到这样的问题：要写一篇文章，需要搜集哪些素材呢？怎么合理运用这些素材呢？

小刘是一名新任公务员，他被分配负责起草一份关于城市交通改善的公文。他兴高采烈地开始搜集素材，但由于一些错误的运用，闹了很大的笑话。

首先，他没有仔细分析问题，盲目地将所有收集到的数据和报告都放在公文中。这导致公文的内容冗长而杂乱，读起来非常困难。

其次，小刘对于市民意见和建议的运用也存在问题。他只选择了一部分意见和建议，而忽略了其他的声音。这使得公文显得不够全面和公正，引发了一些争议。

最后，小刘还在公文中引用了一些过时的数据和不可靠的来源。由于他没有对素材进行充分核实和验证，公文中出现了一些错误的信息，从而降低了文章的可信度。

公文一经发表，就引起了广泛的争议和批评。许多人指出公文的内容杂乱不堪，缺乏说服力和可靠性。这给小刘带来了很大的困扰和压力，也让他深刻认识到合理运用素材的重要性。

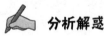 **分析解惑**

小刘：写作公文时，除了要注意素材的选用，还要掌握一些运用素材的方法。只有这样，才能让自己的文章更有说服力和感染力。具体要怎么做呢？

华姐：在具体公文写作中，公文写作人员一定要学会灵活运用素材。比如，在实际工作中，有些问题不能仅从一个角度来考虑，而是应该多从几个角度来分析，从而得出更全面、更深入、更客观的结论。

又比如，在总结工作时，可以从以下四个方面去思考：一是对单位发展有利的；二是对单位发展不利的；三是对个人发展有利的；四是对个人发展不利的。

再比如，在工作中遇到困难时，可以从以下三个方面去思考：一要多从主观方面找原因；二要多从客观方面找原因；三要多从主观和客观两个方面找原因。

小刘：如何保证素材符合文章的要求呢？

华姐：第一，确保主题鲜明。主题是文章的灵魂，只有围绕主题搜集素材，才能使文章主题鲜明突出，让人一目了然。

（1）统计数据和研究报告。收集关于城市交通拥堵率、事故率、交通运输效率等方面的数据和报告。这些数据可以提供客观的信息，展示问题的严重性，以及潜在的改善空间。

（2）政策文件和法律法规。查阅国家和地方相关的政策文件和法律法规，了解政府对于城市交通改善的相关规定和目标。这些文件可以作为文章的基础，强调改善交通状况的紧迫性和合法性。

（3）专家观点和学术研究。收集专家对于城市交通改善的观点和建议，了解最新的研究成果。通过引用专家观点和研究成果，文章更具权威性和可信度。

华姐：第二，确保素材鲜活。所谓素材鲜活，就是我们要尽可能地搜集与公文主题相关的材料。

一篇公文要生动，往往离不开鲜活的素材。例如，在撰写一篇关于"优化营商环境"的文章时，如果搜集到的材料都是千篇一律的，那么这篇文章就很难引起读者的共鸣。如果我们能够在平时多留意一些鲜活的素材，就能够在写作时有更多新的灵感。

我们对搜集到的大量案例和数据可以进行分类：一是正面案例；二是反面案例；三是数据。这样写出来的文章既有理论高度，又有实际操作的内容。

 改后材料

小刘在写通讯报道时，采用了正确的素材运用方法，使文章更加生动、有力、有说服力。以下是他的通讯报道。

×××公司举办"科技创新"主题讲座

时间：2022 年 2 月 20 日

地点：×××大厦

主题：科技创新，引领未来

内容：

2 月 20 日下午，×××公司在×××大厦举办了一场"科技创新"主题讲座，旨在探讨科技创新在企业发展中的重要性和应用前景。本次讲座邀请了×××大学教授王老师作为嘉宾，分享了他对科技创新的理解和实践经验。

首先王老师介绍了科技创新的概念和内涵，强调了在当今时代，科技创新已经成为推动社会进步和经济发展的重要引擎。他指出，科技创新需要具备创新思维、创新机制和创新环境，而企业则应该注重技术研发、人才培养和组织创新，为科技创新提供有力的支持和保障。

其次，王老师还介绍了一些典型的科技创新案例，如×××公司推出的新一代智能手机、×××公司研发的高效能源材料等，这些案例展示了科技创新在实际应用中的巨大潜力和价值。

最后，王老师与现场观众进行了互动交流，回答了大家提出的问题，并分享了一些有关科技创新的思考和建议。

本次讲座，成功地探讨了科技创新在企业发展中的重要性和应用前景，引起了现场观众的强烈共鸣和反响。×××公司也表示将继续加强技术创新和人才培养，为企业的可持续发展作出更大的贡献。

应对秘籍

在公文写作中，灵活运用素材可以使文章内容更加丰富和有说服力。以下是 4 条素材运用的秘籍。

（1）多方收集素材。除了常规的资料和数据，还可以广泛收集各方面的信息，如专家意见、实地调研、案例分析等。这样可以从不同的角度和层面获取素材，为公文写作提供更多选择。

（2）借助权威资料。在撰写公文时，引用如专家学术成果、官方统计数据、立法条文等权威信息，可以增强文本的信誉度与影响力，为作者所阐述的见解和提议提供坚实的支撑。

（3）运用鲜活案例。通过引用真实的案例，可以生动地展示问题的实际情况和解决方案的有效性。作者可以运用相关行业或组织的成功经验、先进典型等案例，以及个人亲身经历，使读者更容易理解和接受文章的观点。

（4）数据统计和比较。作者可以通过数据的对比、趋势分析、图表展示等方式，直观地说明问题的严重性和改善的必要性。同时，对不同时间、地区、群体的数据进行比较，可以突显问题的差异和改善方向。

工 具 篇

第 8 章

AI 智能写作

8.1　文章关键词与要求

在人工智能（artificial intelligence，AI）时代，计算机的智能程度越来越高，各种行业的工作都在被机器人替代。就拿我们最常接触到的写作来说，AI 写作可以完成自动写稿，但是很多人都不知道怎么设置关键词，更不知道如何提出自己的要求。今天就带大家了解一下如何在 AI 写作软件中设置关键词与提出写文要求。

8.1.1　如何设置关键词

关键词是指在文章中对文章内容进行概括总结，起到关键作用的词。关键词设置得好坏会直接影响文章内容质量。在与 AI 智能助手的协作中，用户可以预先设定关键词或者在交流中提及关键词，以便 AI 智能助手能够准确理解用户的需求，从而提供符合要求的内容。

 **场景重现**

　　小刘接到任务：要写一篇关于减肥的文章，但是由于时间和精力有限，他希望能够通过 AI 智能助手来帮助他完成一些文章的创作。他先确定了"减肥"作为关键词，并搜集了一些相关的素材，包括新闻报道、科技评测、用户评价等。

　　接下来，他将这些素材提供给 AI 智能助手，让 AI 智能助手进行创作。AI 智能助手通过自然语言生成技术，将收集到的素材转化为文章内容，并结合小刘的要求进行调整和优化，最后生成了一篇基本符合要求的文章。但在具体如何设置上，小刘还存在很大困扰，因为关键词设置得不同，内容完全不一样。

✍️ 分析解惑

小刘找到了同事华姐请教，希望能够得到指点。

华姐：在与 AI 智能助手的协作中，用户可以预先设定关键词或者在交流中提及关键词，以便 AI 智能助手能够准确理解用户的需求，从而提供符合要求的内容。在理解用户需求后，AI 智能助手可以筛选相关的新闻报道、统计数据、研究报告等素材，从而提供相关的内容。回到你写的有关"减肥"的文章，首先，我们需要确定"减肥"作为关键词。但是，仅仅设置一个关键词是不够的，我们还需要将关键词细分为更具体的关键词，以便 AI 智能助手更好地理解我们的需求。

例如，我们可以将"减肥"这个关键词细分为以下几个词。
- 健康减肥
- 饮食控制
- 运动减肥
- 情绪调节
- 营养搭配
- 睡眠养生

这些关键词可以让 AI 智能助手多方面搜集资料，从而提供更加符合要求的内容。例如，如果我们希望文章侧重于饮食控制方面，我们可以将"健康减肥"作为主要的关键词，并在文章中更加强调这个方面的内容。

最后，我们可以对文章进行优化和修改，如修改文章中的语言表达、段落结构、逻辑关系等，以提高文章的质量和可读性。通过设置关键词并利用 AI 智能助手进行创作，我们可以快速、高效地创作出符合要求的文章。

 改后材料

以下就是一篇通过设置关键词利用 AI 创作的文章。

健康减肥：饮食控制、运动减肥与睡眠养生

随着生活水平的提高，人们对于健康的关注度也越来越高，而健康的标志之一就是身材匀称。然而，很多人在减肥过程中却遇到了困难，特别是对于习惯不好的人来说，减肥更是一个艰难的过程。那么，如何健康减肥呢？本文将从饮食控制、运动减肥和睡眠养生 3 个方面来探讨健康减肥的方法。

一、饮食控制

饮食控制是减肥的重要手段之一。首先，要避免高热量的饮食，如油炸食品、

甜点、碳酸饮料等。比如，一份薯条炸鸡套餐的热量相当于一个人一天所需的热量，而一瓶可乐的热量相当于 3 个巧克力棒的热量。这些高热量的食物会让你的身体储存更多的脂肪，导致体重上升。其次，要注意食物的营养搭配，选择含有蛋白质、膳食纤维、维生素和矿物质等营养成分的食物，如鸡肉、鸡蛋、鱼肉、蔬菜、水果等。比如，鸡肉和鱼肉含有高质量的蛋白质，可以帮助维持肌肉质量，促进身体的新陈代谢。此外，还要注意饭量的控制，适量摄入食物即可，不要过度饱腹。最后，要保持饮食的规律性，定时定量地进餐，不要暴饮暴食或者长时间禁食。

二、运动减肥

运动减肥是减肥的另一种方法。运动可以加速代谢，帮助消耗体内的脂肪，同时还可以增加肌肉的质量，让身体更加紧实。建议选择有氧运动，如慢跑、跳绳、游泳等，每次运动时间控制在 30～60 分钟，频率为 3～4 次/周。此外，还可以选择力量训练，如举重、俯卧撑等，增加肌肉的质量，提高基础代谢率，也有助于减肥。有一个案例是，一个女孩在大学期间体重一直维持在 60 kg 左右，后来她每天坚持跑步 30 分钟，每周游泳两次，坚持了 3 个月后，体重减到了 52 kg，腰围也减小了5 cm。

三、睡眠养生

（略）

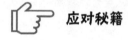 **应对秘籍**

通过设置关键词，可以帮助 AI 高效创作。以下是 4 条设置关键词的秘籍。

（1）精准定位核心关键词。选择与创作主题紧密相关的关键词，确保 AI 围绕中心议题展开内容。例如，在撰写关于气候变化的报告时，关键词可能包括"全球变暖""温室气体排放"和"气候政策"。

（2）涵盖专业术语。针对文章的专业领域，挑选准确的技术词汇或行业专有名词。举例来说，撰写医学研究相关的文献综述时，关键词可以是"免疫疗法""基因编辑""临床试验"。

（3）使用限定关键词。为了更精准地引导 AI 的创作方向，使用限定关键词可以限制 AI 使用特定类型或范围的素材。例如，如果限定关键词是"学术研究"，AI 可能更倾向于引用学术论文、研究报告等内容，以提高文章的学术性和权威性。

（4）结合关联关键词。在设置关键词时，结合关联关键词可以帮助 AI 扩展创作思路。例如，在写一篇旅游推荐文章时，结合关联关键词如"景点介绍""旅行攻略""交通指南"等，可以帮助 AI 思考更多相关的内容，增加文章的丰富性和实用性。

8.1.2　如何准确提要求

如果我们想通过 AI 创作出自己所需要的内容，就要学会准确提出自己的要求。我们需要明确指定自己所期望的主题和内容，描述清楚我们需要的是一篇文章、一段文字还是一句话，并提供相关的背景信息和关键要点。包括说明我们希望内容具备的语气和风格，是正式的还是轻松的？是严谨的还是幽默的？这些指导可以帮助 AI 在创作过程中采用相应的语言风格。而且要明确描述你想要吸引的目标受众。这有助于 AI 在创作过程中选择合适的语言和内容，以更好地满足文章创作需求。

 **场景重现**

小刘是一家企业的市场营销经理，他需要向公司高层汇报一份关于行业趋势的分析报告。我们看看他是如何向 AI 提出要求，协助自己创作的。

第一步：明确要求

小刘首先明确了要求，他需要一份分析报告，内容包括行业趋势、市场竞争、目标受众等，以便公司高层了解市场情况并作出相应的决策。他提供了相关的数据和背景信息，如市场份额、消费者偏好、竞争对手分析等，以便 AI 更好地理解和分析。

第二步：对输出结果进行审查和修改

AI 根据小刘提供的信息，输出了一份分析报告。小刘注意到报告中有些信息不够准确，有些表述也不够清晰，需要对输出结果进行审查和修改。他进行了逐一检查，对每个问题都进行了修改和补充，以确保报告的准确性和可读性。

第三步：得到一份高质量的报告

经过对输出结果的审查和修改，小刘得到了一份高质量的分析报告。报告中包含了详细的行业趋势分析、竞争对手分析、目标受众分析等内容，内容准确、可读性强，帮助公司高层更好地了解市场情况，制定相应的决策。

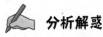 **分析解惑**

下面我们看看小刘是如何通过一步步提出具体要求，让 AI 协助自己完成一篇关于智能音箱市场竞争的分析文章。

小刘在利用 AI 创作时，向 AI 提出具体要求如下。

（1）主题和内容。我需要一份关于当前市场营销行业趋势的分析报告。这份报告需包括行业的发展动向、竞争情况、消费者行为变化等关键信息。提供一份全面的行业分析,以帮助我向公司高层汇报。

（2）语气和风格。报告的语气应该是正式、专业的。请使用行业术语,但尽量避免过于复杂的语言,以确保高层能够理解和接受报告内容。

（3）目标受众。报告的目标受众是公司高层管理层,他们对行业趋势有一定的了解,但可能需要更深入的分析和见解。请确保报告内容能够满足他们对行业发展的关注点和需求。

（4）长度和结构。报告的长度大约在 2 000～3 000 字。请按照以下结构组织报告。引言（介绍报告目的和背景）、行业概述、主要趋势分析、竞争情况分析、消费者行为变化分析、结论和建议。

（5）特定要求。请在报告中引用最新的市场数据和研究报告,提供可靠的支持。同时,如果有相关的图表、图像或案例研究可用,也请在适当的地方加以引用。

（6）反馈和迭代。请生成一份初稿,并对这份初稿进行认真分析,指出优点和缺点,给出改进意见,并按照改进意见再次修改完善初稿……经过几次这样的修改,最终生成一份符合要求的文章。

通过对话,AI 可以根据提供的数据和信息,分析市场竞争的情况和趋势,给出相应的建议和预测。在审查和修改时,可以对输出结果进行逐一检查,确保内容准确无误、符合要求。最终,可以得到一篇客观准确、具有分析性和预测性的智能音箱市场竞争分析文章。

 改后材料

市场分析报告：减肥产品市场竞争分析

随着人们生活水平的提高,越来越多的人开始关注健康和身材,减肥产品市场也随之不断扩大。然而,市场上的减肥产品种类繁多,品牌众多,竞争也非常激烈。本报告将对减肥产品市场的竞争现状和趋势进行分析,以期为行业提供有益的参考和建议。

一、市场概况

1. 市场规模

根据市场研究数据,目前全球减肥产业市场规模已经达到了 1 200 亿美元,而中国减肥市场规模也已经超过了 1 000 亿元人民币。

2. 市场趋势

随着人们对健康和身材的重视,减肥市场前景广阔。未来几年,全球减肥产业市场规模预计将保持 20%以上的年均增长率。而在中国,由于人口基数庞大,减肥市场将会有更大的发展空间。

二、竞争状况

1. 品牌竞争
2. 产品竞争

三、消费者需求

1. 健康和安全
2. 价格和品质

四、建议和预测

1. 建议
2. 预测

综上所述，减肥产品市场竞争激烈，但也有着广阔的发展空间。企业需要注重品牌建设和产品质量安全，同时也要注重消费者需求，以适应市场的变化和需求。

👉 应对秘籍

为了确保生成的内容符合要求，以下几种是正确向 AI 提问的方法。

（1）准确下达创作指令。在提出要求给 AI 之前，要准确说明你所期望的结果，要采用直白且简明的言辞，确切指明你所需要 AI 创作内容的主旨、风格、篇幅及语调等。保证你的指示具体而清晰，这样 AI 才能够准确领会指令，并写出符合期望的内容。

（2）提供一个或多个示例。为了更好地让 AI 理解你的指令，提供一些示例是很有帮助的。可以提供类似的文章、段落、句子或关键词等，让 AI 参考并模仿。这样可以让 AI 更好地理解你的要求，并生成更加符合你期望的内容。

（3）使用明确的关键词。在向 AI 提出需求时，使用明确的关键词可以更有效地引导 AI 的创作方向。关键词应该具备明确的语义和指导性，以确保 AI 能够理解并生成与关键词相关的内容。使用具体的关键词可以帮助 AI 避免产生模糊、不相关或不符合要求的内容。

（4）持续优化与提供反馈。与 AI 的互动是一个循环往复的沟通过程。如果输出结果未达预期，应不断调整和提供反馈。明确告知 AI 哪些部分未达标准，并给予更明确的指引，这有助于 AI 更准确地把握并适应你的创作需求。通过这一持续的优化和反馈机制，AI 产出的内容质量会逐渐与预期相符合。

8.2 文案设计与创意

虽然 AI 在文案创作方面尚未完全成熟，但其进步速度极快，你完全可以借助

AI 来辅助文案的创意工作。AI 能迅速输出多样的文案选项，提供创新的灵感源泉，成为高效率的文案生成工具。总的来说，运用 AI 进行文案创意有众多方法，关键在于你如何深入挖掘和利用它的潜力。

8.2.1　怎么设计文案

传统文案设计软件提供了基础的操作功能，依靠用户自主设计和添加内容。相对而言，AI 文案生成工具可以根据用户的指示自动生成文字材料。为了最大化 AI 工具的效能，用户需要掌握如何精确地提供指令。虽然传统软件也支持内容创作，但它更多地依赖于用户的创造力；而 AI 工具则通过自动化流程，让创作变得更加高效简洁。

 场景重现

小刘是一名文案设计师，他经常需要创作各种不同类型的文案，如广告文案、产品文案等。然而，他的时间和精力都很有限，导致他无法高效地完成工作。于是，他开始寻找一种新的方式来协助进行文案创作设计。

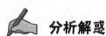 **分析解惑**

这天，小刘听说了一种 AI 智能助手，可以协助进行文案创作设计。他感到十分惊讶和好奇，于是便决定尝试一下。

小刘下载了这个 AI 智能助手，并开始使用它进行文案创作设计。他发现，这个 AI 智能助手可以自动分析文案的主题和内容，根据不同的目标群体，提供不同的创作方案和建议。这让他感到非常惊奇和兴奋。

例如，当小刘需要创作一篇广告文案时，AI 智能助手能够自动分析目标受众和广告主题，进而生成多种创意方案和建议。它会根据广告的核心内容和目标受众，提出不同的文案构思、口号和图像设计，以增强广告的吸引力。

当小刘面临产品文案的撰写任务时，AI 写作助手能够有效地辅助创作。这个智能工具能自主识别产品的关键亮点和竞争优势，随后生成富有创意的文案提案和策略。AI 会综合考虑产品特性与目标消费者的需求，输出多种文案草案、详尽的产品描述和推荐的视觉元素，帮助产品在市场中脱颖而出，吸引潜在买家的关注。

 改后材料

下面是小刘用 AI 创作的优质电视机宣传广告。

【广告名称】享受高清大屏，尽在×××电视机

【广告内容】

你是否曾经感受到看电视时屏幕太小，影响观看体验的尴尬？你是否曾经因为电视机画质不够清晰而无法享受高品质的视觉盛宴？现在，我们有了解决方案——×××电视机，让你尽情享受高清大屏的视觉盛宴！

第一幕

画面展现一个家庭的客厅，一个年轻男子坐在沙发上，看着电视。他面前的电视屏幕非常小，他想要看清楚电视剧中的细节，却无法做到。

男子：看电视好不爽啊，屏幕这么小，什么都看不清。

第二幕

画面展现同样的客厅，但是现在放置了一台×××电视机。电视机屏幕非常大，画面清晰，男子看着电视愉快地微笑。

男子：哇，这个电视好大啊，看得很清楚了。而且这个画质也太清晰了吧！（略）

【宣传语】享受高清大屏，尽在×××电视机！

【广告结束】

通过这个广告，我们可以看到，×××电视机具有大屏幕、高清画质、智能操作等优点，可以让用户更好地享受高品质的视觉盛宴。并且，这个广告通过故事情节的方式，让观众更好地感受到电视机的优点和特点，提高了广告的说服力和吸引力。

👉 应对秘籍

尽管 AI 在文案创作上具备独特的优势，但它的能力并非无所不能，也会存在一些限制。了解 AI 在语法处理、意义把握和上下文理解等方面的能力范围，有助于我们最大化地发挥 AI 的优点并避免其弱点，以创造出符合预期的文本内容。

（1）加强上下文适应性。为 AI 提供丰富的上下文信息，如场景描述、目标行动和情感基调，以增强 AI 对语境的理解，使得生成的文案更具针对性和吸引力。

（2）利用机器学习算法来提高文案质量。机器学习算法可以帮助 AI 学习并分析大量的文案数据，从而提高 AI 生成文案的质量。例如，可以利用机器学习算法来分析广告文案的成功因素，并根据这些因素生成更具吸引力的文案。

（3）利用数据分析来进行文案优化。AI 可以通过对数据的分析来进行文案优化。例如，可以通过分析营销邮件的打开率、点击率等数据来优化邮件文案，从而提高邮件的转化率。

（4）利用图像识别技术来设计视觉效果。AI 可以利用图像识别技术来分析图片

的内容和情感，从而自动生成与图片相匹配的文案。这种方法可以用于生成社交媒体的文案，如 Instagram（一款运行在移动端上的社交应用）、Pinterest（图片社交平台）等。

8.2.2　如何做到创新

文案是创意的核心元素，也是广告领域不可分割的一部分。目前，众多企业正借助 AI 技术来生成丰富的文案内容，这不仅能够丰富市场营销人员对产品的认识，还能提升营销效果。

那么，AI 如何协助营销人员创作出更具影响力和吸引力的文案呢？我们已经见证了 AI 在医疗、媒体和金融等行业的应用，以及 AI 工具如何辅助团队作出更明智的选择。在本书中，我们将探讨 AI 在广告和营销领域中如何激发创意思维和推动创新，为营销人员提供支持。

场景重现

小刘是一家创意广告公司的文案策划师，最近接到了一家餐厅的广告创意任务。这家餐厅想要在市场上打出一片天地，让更多的人知道他们的特色菜品和美食。他决定利用 AI 技术来帮助文案进行创意和创新。

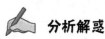

分析解惑

华姐：我们看看小刘是如何利用 AI 进行文案创意的。

小刘在第一次和客户见面时，了解了餐厅的历史和特色菜品，并收集了一些客户的想法和期望。他发现客户希望广告能够突出餐厅的特色菜品和美食，吸引更多的食客来到餐厅用餐。于是他决定利用 AI 挖掘文本数据中的关键信息，分析目标受众的特点和需求，提供文案创意和创新的灵感，并完成自动化文案创作过程。

他使用 AI 技术分析了一些关于这家餐厅的评论和评价，从中提取出一些描述餐厅特色菜品的关键词，如"招牌菜""口感绝佳""地道美食"等。他还使用机器学习技术分析了这个餐厅目标受众群体的购买历史、搜索记录等数据，从中了解目标受众群体的购买偏好和需求，如他们最近搜索了哪些菜品、在哪些时间段比较容易用餐等。

基于这些分析结果，小刘使用 AI 自动生成了一些文案和广告标题，如"品味正宗地道，只在××餐厅""享受美食盛宴，尽在××餐厅"等。小刘还使用 AI 自动化生成了一些文案内容，如描述餐厅特色菜品的文案，"××餐厅的招牌菜，口感绝佳，让你爱不释口"等。

最终，小刘使用这些 AI 技术生成的文案和创意，设计了一份创意十足的广告方案，向客户展示了餐厅的特色菜品和美食，吸引了更多的食客前来用餐。客户对他设计的美食餐厅文案和广告创意感到非常满意，并决定继续与他合作。

 改后材料

以下是一篇 AI 创作的餐厅广告文章。

品味正宗地道，只在××餐厅

在城市的喧嚣中，有一家餐厅，它不张扬，却独树一帜。这里的菜品，是地道的家乡味道，是真正的美味。一进门，您就能感受到浓郁的烹饪香气，仿佛置身于一个美食的世界里。

这家餐厅的招牌菜，口感绝佳，让您爱不忍释。每一道菜品，都是经过精心烹制，不仅美味可口，还充满了家的味道。从手艺精巧的厨师到积极热情的服务员，每一个人都为您提供最好的服务。

如果您是一个美食爱好者，那么这家餐厅一定是您不能错过的地方。来到这里，品味正宗地道的美食，让您的味蕾尽情沉醉。这里的每一道菜品，都是您品尝家乡味道的最佳选择。

👉 **应对秘籍**

尽管 AI 可以生成文案，但结合人工的编辑和创作是必要的。用人工的眼光审视和修饰 AI 生成的文案，加入自己的创意和个性，以确保文案更符合客户的需求。

（1）挖掘文本数据中的关键信息。AI 可以通过自然语言处理技术分析大量的文本数据，从中提取出一些有用的信息和关键词。以广告创意为例，假设我们需要为某家餐厅设计广告，我们可以使用 AI 分析一些关于这家餐厅的评论和评价，从中提取出一些描述餐厅特色菜品的关键词，如"招牌菜""口感绝佳""地道美食"等，这些关键词可以为广告创意提供灵感和方向。

（2）分析目标受众的特点和需求。以电商广告为例，假设我们需要为某个目标受众群体设计广告，我们可以使用 AI 分析这个目标受众群体的购买历史、搜索记录等数据，从中了解他们的购买偏好和需求，如他们最近搜索了哪些商品、在哪些时间段比较容易购买等，这些信息可以为广告创意提供有针对性的建议和方案。

（3）个性化调整。例如，如果 AI 生成了一个关于运动鞋的标准文案，可以人工添加该品牌的特有口号或历史故事，如提到品牌代言人的相关轶事，来强化品牌形象和个性化特色。

（4）补充独到见解。如果 AI 提供了一篇关于健康饮食的通用建议文章，可以加入最新的营养研究发现或特定文化背景下的饮食习惯分析，提升文章独特性和权威性。

（5）注重反馈学习。在 AI 创作了一系列关于旅游目的地的推广文案后，根据客户反馈，可能发现读者更关注于旅行安全和疫情防控措施，那么可以调整 AI 的参数，使其在后续的文案中重点强调这些方面，确保内容的相关性和实用性。

8.3　文章续写与改写

在 AI 越来越发达的今天，AI 可以完成很多我们曾经无法想象的工作，我们甚至可以用机器来写小说、写诗、写新闻。因此，利用 AI 写文章是完全有可能的。

8.3.1　文章续写有技巧

AI 写文章不同于人的写作，它是在大量数据的基础上进行的。它不会受一时情绪影响而乱写一气，它是一篇有着完整结构的、有着清晰逻辑的文章。所以说 AI 写作和人写文章完全不同。如果我们想要利用 AI 写好一篇文章，那么我们该怎么做呢？

 场景重现

这天，小刘打算用 AI 进行小说的续写。他写了一篇故事，讲述一个年轻人在城市里的冒险经历。我们看看他是怎样使用 AI 来帮助他完成小说的创作和续写，并保持生成故事的连贯性和完整性。

他先是输入了这样一段文本。

"杰克突然听到了一声尖叫，他惊慌失措地往发出声音的方向跑去。"

AI 通过训练学习了大量的文本数据，根据之前学习到的规律和模式，为这段文本续写出了以下内容。

"当他跑到街角时，他看到了一个女孩被一个陌生人纠缠，她的手被抓住，她的眼中充满了恐惧。杰克毫不犹豫地向陌生人冲去，他用力推了他一下，让他失去了平衡，女孩趁机逃跑了。杰克跑向女孩，问她是否受伤。女孩感激地看着他，说道：'谢谢你救了我。'"

这个场景中，AI 生成了一段连贯的文本，描述了杰克听到尖叫声后的反应和他帮助女孩逃脱的过程。小刘还可以使用 AI 继续生成类似的文本，来继续完善他的故事情节，增加更多的细节和情感元素。通过这种方式，AI可以帮助写手提高文章的质量和效率，同时也为写手提供新的灵感和创作方向。

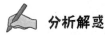 **分析解惑**

华姐：在上文中我们讲到了AI是如何写出文章的，但是AI和人写文章的方法是不一样的，所以在这里我将会介绍几种在AI中利用文本进行续写的方法。

第一种方法是根据上文进行续写。

这种方法就是在文章中找出之前的信息，然后根据之前的信息进行续写。比如，我们在上文中提到过的"一家酒店里，一位顾客拿着手机，说他想要买一个价格昂贵的电视机。他告诉酒店工作人员，电视机里的内容超出了他的预期"。而根据之前的信息，我们就可以知道电视机的价格、型号和外观。

在这种情况下，我们可以根据顾客之前所说的内容进行续写，即"顾客告诉酒店工作人员，他想要买一台电视，但是因为价格太高，他担心买不起。随后，工作人员给顾客推荐了一台价格实惠、功能齐全的电视机"。

第二种方法是根据已经有的信息进行续写。

这种方法也比较简单，我们可以很容易地找到一些之前没有的信息，从而进行续写。

在上文中我们提到了顾客需要一台"昂贵的电视机"，而根据前文中的信息，我们可以知道这台电视机是很贵的。因此我们可以写出顾客想要买这台电视机的原因是什么。然后再根据这个原因继续写出接下来的内容。例如，"顾客告诉酒店工作人员，他想要买一个价格便宜、功能齐全的电视机"。

 改后材料

以下是一个使用AI续写的一个完整故事的案例。

原始文章：

在一个寒冷的冬夜，莉莉和她的狗咕噜在晚上漫步。他们走进一个黑暗的小巷，突然听到了一声恐怖的尖叫声。莉莉感到害怕，但她决定探查一下声音的来源。

AI续写结果：

当莉莉和咕噜走近声音的来源时，他们看到一个陌生人正在追逐一个女孩。女孩的头发凌乱，她的眼中充满了恐惧。莉莉冲向女孩，试图帮助她逃脱。

但是，陌生人并没有停下来。他追上了莉莉和女孩，试图抢夺女孩的包。莉莉突然感到一阵寒意，她的心跳加速，但她并没有放弃。她用力推了陌生人一下，让他失去了平衡。女孩趁机逃跑了，而莉莉和咕噜则逃到了一个安全的地方。

当他们回头看时，发现陌生人已经不见了。莉莉感到害怕，但她也感到自豪，她成功地帮助了女孩摆脱了险境。她抱紧了咕噜，决定赶快回家，回家后她打算写下这个经历，记录下自己的勇敢和冷静。

在这个故事中，AI 续写了一段连贯的文本，描述了莉莉和狗咕噜在晚上漫步时听到尖叫声后的情况，并在情节中添加了更多的细节和情感元素，使得故事更加完整和引人入胜。这个案例展示了 AI 续写在创作中的潜力，可以为作者提供新的灵感和创作方向。

应对秘籍

以基于模型的方法为例，AI 实现续写的流程如下。

（1）输入数据。将大量的文本数据输入到模型中，让模型进行学习。这些数据可以是新闻、小说、历史文献等各种类型的文本数据。

（2）训练模型。使用深度学习模型，如长短期记忆网络（long-short term memory，LSTM）、BERT（bidirectional encoder representations from transformers，一种基于变压器的机器学习技术）等，对输入的文本数据进行训练。模型通过学习之前的文本数据，自动学习到文本的语言模式、语义、逻辑等信息，从而能够生成新的文本内容。

（3）生成新文本。当需要生成新的文本时，将需要续写的文本输入到训练好的模型中。模型将根据之前学习到的文本信息，自动生成与原文相似、连贯、自然的新文本内容。

举个简单例子，如我们输入了一段文章：

"今天天气真好，阳光明媚，我决定出门散步。"

使用基于模型的方法，经过训练之后，模型可以自动学习到"今天天气真好"与"阳光明媚"之间的联系，以及"出门散步"与"阳光明媚"之间的关联。当我们需要续写这篇文章时，只需要输入"今天天气真好，阳光明媚，我决定出门散步。"模型就可以根据之前的学习生成新的文本，如：

"在街上漫步，阳光照在身上，让人倍感舒适。"

这个例子只是简单的示范，实际上，模型训练和文本生成过程中，涉及的技术和算法还有很多。但总的来说，AI 通过学习历史文本的规律和模式，从而能够生成自然、连贯的新文本。

8.3.2　文章改写达词义

AI 进行文章改写的过程需要依赖大量的数据和深度学习技术，同时也需要对不同的任务和目标进行适当的算法和技术选择。虽然 AI 在文章改写方面已经取得了一定的进展，但在实际应用中仍然存在一些挑战和限制，如语义理解、逻辑推理、情感表达等方面的不足，需要进一步地研究和改进。

 场景重现

这天，小刘在写总结时遇到了困难，他不知道该如何表达自己的想法。于是，他决定使用 AI 写作助手来帮助自己。他输入了"总结"的一些关键词和主题，然后点击了"生成文章"按钮。几秒钟后，屏幕上出现了一篇完整的文章。小刘很惊讶，因为这篇文章不仅内容丰富，而且语言流畅，质量还不错。他将以 AI 生成的这篇文章作为参考，通过增加自己的思想，修改过渡句，让整篇文章不仅内容丰富翔实，逻辑顺畅，而且文章更加生动有趣。

 分析解惑

上面的续写是一个例子，那么下面介绍如何改写一篇文章。

华姐：首先，我们可以先用 AI 对文章进行一个基本的分析，它会对文章的整体结构及作者的行文思路进行分析。在此基础上，我们可以使用一些 AI 模型对文章进行改写，如果 AI 给出的结果不理想，那么我们就可以使用人工修订的方式来完成文章的改写。

当然，我们也可以通过一些文本生成工具来完成这项工作。但是在这里我想重点强调一下，生成文本并不是生成文章。生成文本其实是对文本进行修改并修改后重新发布，我在这里将会以一个例子来说明如何利用 AI 完成文章的改写。

建立一个语料库，然后用这个语料库来训练 AI。在这里我选择了一些情感比较强烈的词语作为我们要训练 AI 的样本，然后用这些样本对 AI 进行训练。这个过程需要 20 个小时左右的时间。

当训练完成后，我们就可以将 AI 生成的文本替换掉，然后再重新发布到平台上。这个过程就完成了一篇文章改写。

比如说，如果你想要对一篇新闻进行改写，首先你需要找到这篇新闻，然后按照你的需求进行调整。如果你不确定如何下手，你可以参考一些相关的文章，参照它们的结构和语言风格进行改写。实际上，改写并不复杂，你只需提取出原文的关键句子，然后对照原文，理解其改动之处，这样就能更好地把握改写的技巧。

 改后材料

以下是一篇使用 AI 自动生成的文章，它描述了一位名叫李华的学生在学校遇到的一项困难及其解决方案。这篇文章是通过 OpenAI（美国 AI 研究公司）的语言模型 GPT-3（generative pre-trained transformer 3，由 OpenAI 推出的一款自然语言处理模型）自动生成的，展示了 AI 技术在文本生成方面的应用。

原始文本：

李华是一名学生，他在学校遇到了一些困难。他的老师给他布置了一个写作文的任务，但是李华不知道如何下手。他感到非常沮丧，因为他想做好这个任务，但是他不知道从何开始。他想过去问老师，但是他觉得自己会被嘲笑。李华想知道他该怎么办。

改写后的文章：

李华是一名学生，他在学校遇到了一些困难。他的老师布置了一个作文任务，但是李华不知道如何下手。他想到了一个解决方案：使用 AI 技术来帮助他写作文。

李华打开了他的电脑，使用了一款名为"AI 写作助手"的应用程序。他输入了一些关键词和主题，然后点击了"生成作文"按钮。几秒钟后，电脑屏幕上出现了一篇完整的文章。李华非常惊讶，因为这篇文章不仅内容丰富，而且语言流畅，质量非常高。

李华阅读了这篇文章，并将其作为参考，开始撰写自己的作文。他清晰地构思了文章结构，同时运用了一些新颖的表达方式，使得他的作文更加具有趣味性。最后，他成功地完成了这项任务，并取得了优秀的成绩。他不禁赞叹 AI 技术的"神奇魔力"，因为它帮助自己克服了写作中的困难，提升了他的自信与独立处理问题的能力。

👉 应对秘籍

AI 在文章的续写和改写方面虽然具有一定的能力，但仍然存在一些局限性。AI 很难理解文章的深层含义和情感，也容易生成不准确或不合理的内容。因此，在使用 AI 进行文章续写和改写时，人工的审核和修正是必要的，以确保生成的文本符合预期和要求。

（1）确定清晰的目标。在使用 AI 进行文章续写和改写之前，明确你想要实现的目标和要求。确定文章的主题、风格、长度等，以便 AI 能够更好地生成符合预期的文本。

（2）选择适合的 AI 模型和算法。根据你的需求和数据情况，选择适合的 AI 模型和算法进行训练和生成。常用的模型包括循环神经网络（recurrent neural network，RNN）、LSTM 和注意力机制等。

（3）多样性和创新性。为了避免 AI 生成的文本过于单一和重复，可以引入一些随机性和创新性的元素。例如，使用随机采样或文本参数调整来生成多样化的文本，或者引入外部的创意和想法来丰富文本内容。

（4）人工编辑和校对。尽管 AI 可以生成文本，但结合人工的编辑和校对是必要的。通过人工的眼光和专业知识来修正语法错误、优化逻辑、调整句子结构等，以确保生成的文本符合预期质量和具有连贯性。

（5）数据质量和多样性。AI 的训练数据对于生成质量的影响很大。为确保训练数据的质量和多样性，可以使用多样的文章和文本类型，避免出现过拟合和偏差的问题。

（6）迭代和优化。AI 生成的文本可能需要经过多次迭代和优化，才能达到更好的质量和效果。尝试不同的输入和参数配置，不断调整和改进 AI 模型，以获得更符合预期的续写和改写结果。

8.4　文章检阅与修改

在"创作"这个领域，AI 智能写作已经成为新的"风口"，从最开始的各类自动写作平台，到如今各类 AI 写手和智能写作软件的诞生，再到现在各种智能写作平台不断推出，从各个方面来看，AI 智能写作都已逐渐进入人们的生活中。那么，AI 智能写作到底是怎么进行文章检阅与修改呢？

8.4.1　文章检阅提效率

AI 智能写作会自动检测文章中的语法、逻辑、词汇、风格和内容等方面的问题，并给出相应的修改建议。例如，对于语法问题，AI 智能写作会自动检测文章中的拼写错误、语法结构错误等，并给出正确的修改建议；对于逻辑问题，AI 智能写作会检测文章中的论点是否有力、段落之间是否衔接等，并给出相应的修改建议；对于词汇问题，AI 智能写作会检测文章中的词汇使用是否准确、恰当，并给出相应的替换建议；对于风格问题，AI 智能写作会检测文章的时态、语气等是否一致，并给出相应的修改建议；对于内容问题，AI 智能写作会检测文章的准确性和真实性，并给出相应的修改建议。

 场景重现

有一位小说作家名叫小刘，他写了一篇名为《龟兔赛跑》的短篇故事，故事讲述了兔子和乌龟参加比赛的故事。小刘使用了 AI 智能写作软件来检阅他的作品。

AI 智能写作软件像一个聪明的编辑一样，深入地阅读小刘的文章，仔细检查文章的每个细节，以确保文章的质量和可读性。

 分析解惑

华姐：下面是 AI 智能写作软件进行文章检阅的场景。

（1）语法检测。AI 智能写作软件首先检查文章的语法，发现文章中存在一些拼写错误和语法错误。例如，小刘写道："兔子跑得很快，但他太骄傲了，所以他停下来休息。"AI 智能写作软件发现小刘将"他"用于两个不同的角色，因此建议将"他"改为"兔子"。

（2）逻辑检测。AI 智能写作软件检查文章的逻辑，发现文章中存在一些逻辑错误。例如，小刘写道："乌龟赢得了比赛，因为兔子太懒了，一直在睡觉。"AI 智能写作软件发现这句话存在逻辑错误，因为前面说兔子骄傲，后面说兔子懒惰，两者之间没有清晰的逻辑关系。因此，AI 智能写作软件建议小刘修改这一段落的内容，使其更加连贯。

（3）词汇检测。AI 智能写作软件检查文章中的词汇使用，发现小刘在文章中使用了一些不恰当的词汇。例如，小刘写道："兔子想要赢得比赛，所以他跑得很快。"AI 智能写作软件发现"想要"这个词用法有误，建议将其改为"想"。此外，AI 智能写作软件还建议小刘使用更加生动、准确的词汇，以增强文章的表现力。

（4）风格检测。AI 智能写作软件检查文章的风格，发现小刘在文章中使用了一些不一致的时态和语气。例如，小刘写道："乌龟一直在前面爬，兔子看到这个情况，开始跑。"AI 智能写作软件建议将"乌龟一直在前面爬"改为"乌龟一直在前面爬着"，以保持时态的一致性。

（5）内容检测。AI 智能写作软件检查文章的内容，发现小刘在文章中存在一些不准确或不真实的描述。例如，小刘写道："兔子一直在睡觉，没有赢得比赛。"AI 智能写作软件发现这句话存在不真实的描述，因为兔子在比赛中并没有一直在睡觉。因此，AI 智能写作软件建议小刘修改这一段落的内容，以保持文章的真实性。

通过以上的检查和修正，AI 智能写作软件帮助小刘进一步提高了文章的质量和可读性，使其更加符合读者的需求。

 改后材料

原文：龟兔赛跑

从前，有只乌龟和一只兔子，它们决定要比赛看看谁能先到达终点。比赛开始

后，兔子很快就跑到了前面，于是它决定休息一下。然而，兔子太舒服了，睡着了。龟爬得很慢，但是它一直坚持不懈，最终到达了终点，赢得了比赛。

这个故事告诉我们，不要过于自信和懒惰，否则你可能会输给坚持不懈的人。

AI 修改：龟兔赛跑

从前，有一只乌龟和一只兔子，它们决定要进行一场比赛，看看谁能先到达终点。比赛开始后，兔子很快就跑到了前面，于是它决定休息一下。然而，兔子太舒服了，睡着了。龟爬得很慢，但是它一直坚持不懈，最终到达了终点，赢得了比赛。

这个故事告诉我们，不要过于自信和懒惰，否则你可能会输给坚持不懈的人。在比赛中，兔子太过自信和骄傲，导致最终输给了乌龟。因此，我们应该保持谦虚和努力，不断地追求进步和成长。

此外，在文章中，有几个问题需要进行修改。首先，需要为文章添加一个适当的开头，以吸引读者的注意力。其次，需要对龟和兔子进行区分。最后，需要在文章中添加一些具体的描述，以增强文章的可读性和吸引力。

👉 **应对秘籍**

在利用 AI 进行检测时，需要注意以下几点。

（1）了解 AI 工具的功能和限制。不同的 AI 工具具有不同的功能和限制。需要了解其检测的范围和准确度，以避免对结果的误解和误用。

（2）必要的人工修正。虽然 AI 工具可以自动检测文章中的问题并给出修改建议，但由于 AI 的局限性，其给出的建议可能存在不准确或不恰当的情况。因此，在使用 AI 工具时，应结合人工修正，进一步提高文章的质量和可读性。

（3）保持客观和谨慎。在使用 AI 工具进行检测时，应保持客观和谨慎，不要轻信其结果，更不要过分依赖其结果。需要结合自己的判断和经验进行评估和修改，以确保文章的质量和可读性。

（4）注意保护个人隐私。在使用 AI 工具时，需要注意保护个人隐私，避免将敏感信息泄露给第三方。需要选择可信的 AI 工具，并注意其隐私政策和安全措施。

8.4.2　文章修改细推敲

尽管 AI 写作工具能够自动识别文档中的问题并提供修改建议，但由于其内在的限制，这些建议可能并非总是准确或适当。因此，在这一阶段，人工再次对文章进行修订是必要的，以进一步提升文章的质量和易读性。人工修订主要依赖于 AI 工具的改进建议，并结合个人的判断和经验，对文本进行深入的精细调整和润色。

场景重现

小刘是一名大学生，他的班主任布置了一篇党建论文的作业，小刘尝试写了一篇。然而，他意识到自己的论文存在一些问题。例如，语法错误、逻辑混乱和表达不清等。于是，他决定使用 AI 智能写作软件来修改他的论文，以提高论文的质量和可读性。

分析解惑

华姐：我们一起看看 AI 智能写作软件是如何修改小刘的论文。

第一步，自动检测。小刘将他的论文上传到 AI 智能写作软件中，软件会自动检测论文中的语法、逻辑、词汇、风格和内容等方面的问题，并给出相应的修改建议。例如，AI 智能写作软件发现小刘在论文中使用了一些不恰当的词汇和语法错误，因此建议进行修改。

第二步，修改建议。AI 智能写作软件会给出相应的修改建议。例如，建议小刘更改某些词汇、调整某些句子的结构或者添加一些新的段落。再比如，AI 智能写作软件建议小刘在论文中添加一些具体的案例分析，以增强论文的可读性和说服力。

第三步，文献引用。AI 智能写作软件还可以帮助小刘添加文献引用，以增加论文的可信度和权威性。例如，AI 智能写作软件可以为小刘的论文添加一些引用的与内容相关的经典文献，以进一步支持文中所表达的观点。

第四步，人工修正。虽然 AI 智能写作软件可以自动检测文章中的问题并给出修改建议，但是由于其局限性，其给出的建议可能存在不准确或不恰当的情况。因此，在第二阶段，需要人工对文章进行修正，进一步提高文章的质量和可读性。

第五步，重新检测。小刘完成了修改后，再次将论文上传到 AI 智能写作软件中进行检测，以确保修改后的论文质量更高、可读性更好。如果仍然存在问题，那么小刘可以再次进行修改，直到文章符合要求。

华姐：AI 智能写作软件，通过以上 5 个步骤的修改，不但提升了小刘党建论文的质量和可读性，同时还提高了写作的效率和准确率。

改后材料

以下是利用 AI 智能写作软件完成的一篇论文。

论文题目：《如何提升基层党支部书记能力》

论文引言：党支部书记是基层党组织中的重要角色，他们的能力水平直接影响到党的基层工作的质量和效率。为了提升党支部书记的能力，需要从以下几个方面进行改进。

正文：

首先，加强理论学习。党支部书记应该认真学习党的基本理论和政策，掌握党的路线、方针和政策，不断提高自己的思想觉悟和政治素质。

其次，强化实践锻炼。党支部书记应该积极参与党组织工作，深入基层了解群众需求，通过实践探索和总结经验，不断增强自己的组织管理和领导能力。

再次，加强沟通交流。党支部书记应该与上级组织和同级党组织保持密切联系，加强沟通交流，及时反映党员群众的意见和需求，同时也应该与群众保持良好的互动，增强自己的感召力和号召力。

最后，注重自我提升。党支部书记应该不断提高自身素质和能力，多参加培训和学习，不断更新自己的知识和技能，提高自己的综合素质。

结束语：总之，提升党支部书记的能力是一个长期的过程，需要从多个方面进行改善和提高。只有不断加强理论学习、实践锻炼、沟通交流和自我提升，才能更好地完成党组织的工作任务，服务群众，促进党的事业发展。

应对秘籍

要利用 AI 提高文章的修改准确率，需要注意以下几点。

（1）选择合适的 AI 工具。目前市场上有很多文章修改的 AI 工具，如 Grammarly（一款在线语法纠正和校对工具）、Ginger（一款由 AI 驱动的写作软件）等，使用前需仔细了解其功能和使用方法，选择适合自己的工具。

（2）确定修改范围。在使用 AI 工具之前，需要先确定文章的修改范围，如语法、拼写、标点等，避免修改过度或遗漏。

（3）细节检查。在使用 AI 工具进行修改后，需要进行细节检查，如逻辑是否通顺、语言是否得当等，以确保文章的质量。

（4）适度人工干预。虽然 AI 工具可以大大提高文章修改的效率和准确率，但有时仍需要人工干预。对于一些特定的语言、词汇或情境，AI 工具可能无法进行准确的修改，需要人工进行调整。

（5）多次修改。多次修改可以找出文章中的错误和不足，提高修改的准确率。使用 AI 工具进行初步修改后，可以再通过人工修改，不断完善文章的质量。

第 9 章

ChatGPT

9.1　设置明确主题，让机器拥有大脑

随着 ChatGPT（chat generative pre-trained transformer，是 OpenAI 研发的一款聊天机器人程序）4.0 等更先进的 AI 技术的持续发展，这些工具在众多领域，包括公文写作中的应用变得更加广泛。这些模型不断进步，生成的文本越来越准确和流畅，并且能够理解更加复杂的指令与需求。简言之，ChatGPT 的不断迭代，为公文写作提供了高效和精准的辅助。

9.1.1　主题越明确，内容越精准

尽管 ChatGPT 等 AI 模型能够协助提高写作效率，不过，ChatGPT 并不是真正的 AI，它只是一种基于大数据的模型。因此，在使用 ChatGPT 之前，我们需要对其进行设置。设置明确的主题可以帮助 ChatGPT 更好地理解用户的问题和意图，并提供更准确的回答。通过在问题或指示中提供明确的主题和背景信息，可以引导 ChatGPT 生成与主题相关的内容。这种明确的指导可以提高回答的相关性和准确性。

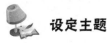 **设定主题**

首先，我们需要找到一个合适的主题，并且在与 ChatGPT 交流时需要保持主题明确。主题明确就是让 ChatGPT 了解用户想要解决哪些问题。例如，当我们需要了解"旅行"的系列信息时，就把和 ChatGPT 对话的主题设置为"旅行"，它就会给出我们相关地点或景点的旅行路线和如何解决旅行中出现的问题等相关信息。

如果我们想要知道我们所处的环境是否适合出行，我们还可以尝试使用"空气质量"这个主题来进行设置。

比如，我们可以输入一个问题："空气质量不好，您会选择去哪里进行旅游？"

然后，ChatGPT会通过各种方式来回答这个问题：

它可能会告诉我们，这个地方空气质量不好，您需要避免去那里；

它可能会告诉我们，如果您想要进行旅游的话，那么就需要更多地了解当地的情况；

它还可能会告诉我们，由于空气质量不好，您的身体状况可能不适合旅行等。

无论是哪种方式，我们都可以根据自己的需要来选择主题。但是要注意的是，一旦我们选择了一个主题，就不能轻易更改已确定的主题。

除了"空气质量"之外，我们还可以设置一些其他主题，来观察ChatGPT的回答的准确性。例如，如果我们想要了解当地的文化或风俗习惯，我们可以设置"历史"这个主题。这样不仅可以为ChatGPT提供了一个合适的主题，而且还可以为其提供更多的背景信息。

但是如果我们想要了解当地的地理位置的话，我们需要增加设置一个"自然风光"的主题。这样不仅可以为ChatGPT提供更多的背景信息（包括自然风光）和地理位置信息（包括纬度、经度、海拔等），而且还可以提高ChatGPT对地理位置信息的理解能力。总之，在使用ChatGPT的过程中，主题设置越明确，生成的内容就越精准。

 **方法技巧**

如何确保ChatGPT输出符合主题的内容呢？那就是建立良好的对话沟通系统。

（1）明确提问，越具体越好。在与ChatGPT进行交互时，提供明确的主题和背景信息非常重要。通过明确问题的上下文，ChatGPT可以更好地理解你的需求并给出相关的回答。例如，如果你希望了解环境保护方面的信息，就明确提及与环境相关的关键词，如环境问题、可持续发展等。这样，ChatGPT就可以为你提供与环境保护相关的一系列内容。

（2）引导问题和指示。通过提供具体的问题和指示来引导ChatGPT生成相关主题的内容。例如，询问关于环境保护的措施、可再生能源的利用等具体问题，以引导ChatGPT生成与环境保护相关的内容。

（3）迭代和修正。ChatGPT可能会生成与主题不完全相关的内容。在这种情况下，可以进行迭代和修正。通过与ChatGPT的对话，明确指出回答中不相关或错误的部分，并提供更具体的指导，以帮助ChatGPT更好地理解主题。

（4）人工审查和编辑。对ChatGPT生成的回答进行人工审查和编辑，确保内容符合主题并具有准确性和专业水准。人工的参与可以纠正不准确或不相关的回答，并进行必要的修改和润色。

举例来说，假设我们要求 ChatGPT 生成关于健康饮食的文章。我们可以提供以下问题和指令。

用户输入：请帮我写一篇关于健康饮食的文章。

ChatGPT 回答：健康饮食对于保持身体健康至关重要。在日常饮食中应包括大量的水果、蔬菜、全谷物和蛋白质来源。此外，减少盐和糖的摄入也是保持健康饮食的关键。

在这个例子中，我们明确了主题为健康饮食，ChatGPT 回答了与主题相关的内容。然而，我们仍然需要进行人工审查和编辑，以确保内容的准确性和完整性。如果回答中存在不准确或不相关的信息，那么我们可以通过与 ChatGPT 的进一步对话来进行迭代和修正，直到得到满意的结果。

通过以上步骤，我们可以更好地引导 ChatGPT 生成与主题相关的内容，并通过人工的参与和监督来确保最终的写作成果符合要求并保证文章的质量。

9.1.2　文章案例精选

当需要明确和细化主题时，可以考虑以下几个步骤。

（1）确定目标受众和目的。在写作之前，需要明确文章的目标受众和目的。目标受众是指文章想要传达信息的读者群体；目的则是指文章想要达到的效果。例如，旅游广告的目标受众可能是喜欢旅游的人群，目的则是吸引他们去旅游。

（2）筛选主题关键词。在明确目标受众和目的之后，需要筛选出与主题相关的关键词。例如，对于旅游广告，关键词可能包括旅游景点、美食、住宿、交通等。

（3）确定主题核心。在筛选出关键词之后，需要确定主题的核心。例如，对于旅游广告，核心主题可能是旅游景点的介绍、城市的特色美食、酒店的住宿体验等。

（4）制定大纲和提纲。在确定主题核心之后，需要制定大纲和提纲。大纲是指整篇文章的框架；提纲则是指具体的内容安排。以旅游广告为例，大纲可以分为景点介绍、美食推荐、住宿体验等部分，而提纲则可以具体列出每个部分的内容和重点。

（5）细化内容和表达。在制定好大纲和提纲之后，需要细化内容和表达。细化内容包括具体的景点介绍、美食推荐、住宿体验等，细化表达则包括如何用生动有趣的语言吸引读者、如何用图片和视频展示旅游景点等。

 方法技巧

下面以健康饮食文章为例，说明如何明确和细化自己需要的主题。

（1）确定目标受众和目的。目标受众是关注健康饮食的人群；目的是提供健康饮食的知识和建议。

（2）筛选主题关键词。健康食材、营养成分、饮食习惯、健康餐谱等。

（3）确定主题核心。如何选择健康食材；如何合理搭配营养成分；如何养成健康的饮食习惯；如何制作健康的餐谱等。

（4）制定大纲和提纲。大纲分为健康食材、营养搭配、饮食习惯、健康餐谱等部分，提纲具体列出每个部分的内容和重点。

（5）细化内容和表述。具体的内容可以包括营养成分的介绍、健康食材的选择和使用方法、饮食习惯的建议、健康餐谱的制作方法等。

 文章案例

健 康 饮 食

健康饮食一直是人们关注的话题。在日常生活中，我们需要关注的不仅是食物的味道和口感，更是其中的营养成分和对健康的影响。本文将从健康食材、营养成分、饮食习惯和健康餐谱4个方面来介绍如何保持健康饮食。

健康食材

健康食材是保持健康饮食的基础。我们需要选择富含营养的食材，如新鲜的蔬菜和水果、瘦肉、鱼类、豆类等。这些食材富含维生素、矿物质和蛋白质等营养成分，有助于维持身体健康。另外，我们还需要注意食材的新鲜程度和质量，避免食用过期或不新鲜的食物。

营养成分

了解食物的营养成分对于保持健康饮食很重要。我们需要关注食物中的脂肪、蛋白质、碳水化合物、纤维素、维生素和矿物质等成分。在摄入这些营养成分时，需要注意适量平衡，避免出现某一种营养成分过多或过少的情况，从而保证身体健康。

饮食习惯

除了关注食材和营养成分，我们还应该注意饮食习惯对于保持健康饮食的重要性。合理的饮食习惯可以有助于我们保持身体健康。在饮食方面，我们需要控制饮食的数量和频率，避免暴饮暴食或饥饿过度的情况发生。此外，我们还需要关注饮食的时间和方式，避免过晚进食或随意食用零食。

健康餐谱

制作健康餐谱是保持健康饮食的重要步骤。我们可以根据自己的口味和营养需求来制定健康餐谱，选择富含营养的食材，合理搭配饮食，如蔬菜沙拉、瘦肉汤等。此外，我们还可以通过查找健康餐谱的书籍或网站来获取更多的餐谱灵感。

　　总之，保持健康饮食需要关注食材、营养成分、饮食习惯和健康餐谱等方面。只有在这些方面都得到了合理的关注和处理，我们才能保持身体健康，享受美味的饮食。

9.2　结合使用场景，所得即为所用

　　在对 ChatGPT 进行训练的过程中，场景训练是一项很重要的训练点。我们需要选择一个与人类相关的真实世界的场景，这样我们才能在训练过程中模仿真实世界。选择合适的场景可以帮助训练模型更好地理解和回答与该场景相关的问题。例如，如果我们希望训练一个医疗咨询助手，那么我们可以选择医疗场景作为训练数据的来源。这样，模型将更加熟悉医学术语、病症和治疗方法，从而能够更好地回答与医疗相关的问题。

9.2.1　场景越清晰，内容越丰富

　　为了训练一个适用于不同领域的通用模型，我们需要对不同的场景进行标记和分类，并使用已标记或未标记的数据进行训练。选择合适的场景非常重要，因为每个场景都有其特定的语境和知识领域。为了让 ChatGPT 在不同领域回答问题，我们需要收集和标记与各个领域相关的数据，如医疗、科技、体育等。通过使用这些不同领域的数据进行训练，模型可以学习到各个领域的知识和语言模式，从而更好地回答相关问题。

设定场景

　　选择适当的场景对于训练 ChatGPT 至关重要，目的是让其能够更准确地把握用户的意图并提供更优质的服务体验。通过涵盖多种场景，ChatGPT 能够更深入地理解用户的需求，从而给出更为贴合情境的回复和建议。

　　例如，如果 ChatGPT 是在一个餐厅的网站上，那么它的场景就是与餐饮相关的。ChatGPT 可以提供菜单、餐厅位置、预订等方面的信息。如果 ChatGPT 是在一个银行网站上，那么它的场景就是与金融相关的。ChatGPT 可以提供账户余额、转账、贷款申请等方面的信息。

　　选择正确的场景可以提高 ChatGPT 的效率和准确性，同时也可以提高用户的满意度和体验。

　　假设我想要设置一个场景，让 ChatGPT 输出有关旅行的内容，具体步骤如下。

（1）定义场景。首先需要定义场景，即告诉 ChatGPT 我们想要谈论的主题是旅行。可以通过以下方式进行定义。

场景：旅行

（2）添加关键词。为了让 ChatGPT 更好地理解我们想要讨论的内容，需要添加一些关键词。这些关键词可以是与旅行相关的词汇，如"旅游景点""旅行保险""旅行攻略"等。可以通过以下方式进行添加。

关键词：旅游景点、旅行保险、旅行攻略

（3）设定回复。最后一步是设置 ChatGPT 的回复内容。这里可以添加多个回复，让 ChatGPT 在不同的情境下输出不同的内容。例如，

回复1：我们喜欢去哪些旅游景点？

回复2：有没有什么好的旅行攻略可以分享？

回复3：我们觉得旅行保险有必要购买吗？

通过以上的设置，当我们在 ChatGPT 中输入与旅行相关的问题或者关键词时，ChatGPT 会根据我们定义的场景和关键词来输出相应的回复。

例如，当我们输入"有没有什么好的旅行攻略可以分享？"ChatGPT 就会输出相关答复内容。

当然！以下是一些旅行攻略的建议，希望对您有帮助。

（1）提前计划。在旅行前做好充分的准备工作，包括订票、预订住宿、制定行程和了解目的地的文化、习俗和当地法律。

（2）搜集信息。在出发前，尽可能多地了解目的地的信息，包括景点、美食、购物和安全等方面的信息。可以查找旅行指南书籍、旅行博客和旅游网站等资源。

（3）制定详细行程。根据您的兴趣和时间，制定一个详细的行程，包括参观的景点、活动、餐厅和购物等，以最大限度地利用您的时间和资源。

（略）

这些是一些常见的旅行攻略，希望对您有所帮助。记得在旅行中享受每一刻，创造美好的回忆！

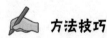 **方法技巧**

在设置场景时，有几个技巧可以帮助提高 ChatGPT 回复的质量和效率。

（1）明确场景目的。在设置场景时，需要明确场景的目的和范围，如订单查询、产品咨询、售后服务等，这样可以更好地为 ChatGPT 提供指导和方向。

（2）划分话题分类。为了让 ChatGPT 能够更好地理解用户意图和需求，需要将聊天内容划分为不同的话题分类，如订单状态查询、物流信息查询、收货地址修

改等，这样可以提高 ChatGPT 匹配用户意图的准确度。

（3）设计问答库。为了让 ChatGPT 能够更好地理解用户的问题并进行回答，需要为 ChatGPT 设置问题库，包括常见问题和用户提出的问题。同时，为了让 ChatGPT 能够生成更加符合场景的连续文本，需要为 ChatGPT 设置语料库，包括与场景相关的文章、新闻、资讯等。

（4）设置多样化回答。为了让 ChatGPT 生成的内容更加丰富，可以设置多个回答选项，让 ChatGPT 能够根据不同的情况生成不同的回答，提高内容的多样性和丰富度。同时，我们还可以设置自然语言生成模型，让 ChatGPT 能够生成更加流畅、自然的回答。

（5）优化交互体验。为了提高用户的满意度和交互体验，可以将 ChatGPT 的回答与品牌特色和形象相匹配，如品牌风格、语言风格等。

（6）周期性检查。需要定期检查 ChatGPT 的表现，对问答库和语料库进行更新和优化，以适应场景的变化和用户需求的提升。

通过以上技巧，可以提高 ChatGPT 的质量和效率，为用户提供更好的智能客服体验。

9.2.2　文章案例精选

让我来描述一下 ChatGPT 在订单查询场景下是如何一步步完成任务的。

（1）确定应用场景。在订单查询场景下，ChatGPT 的目的是帮助用户查询订单信息，包括订单状态、物流信息、收货地址等。

（2）了解用户需求。我们需要了解用户在订单查询场景下可能会遇到的问题和需求，如订单未到、订单状态不明确、物流信息查询等。

（3）设置话题分类。我们需要将聊天内容划分为不同的话题分类，如订单状态查询、物流信息查询、收货地址修改等，这样可以让 ChatGPT 更好地理解用户的意图和需求。例如，当用户询问"我的订单什么时候能送到"时，ChatGPT 会根据话题分类将问题归类为"物流信息查询"话题。

（4）设计问答库。为了让 ChatGPT 能够更好地理解用户的问题并进行回答，我们需要为 ChatGPT 设置问题库，包括常见问题和用户提出的问题。例如，用户可能会询问"我的订单状态是什么"或者"我的订单在哪里"。ChatGPT 会从问答库中查找相关的问题和回答，给出相应的回答。同时，为了让 ChatGPT 能够生成更加符合场景的连续文本，我们需要为 ChatGPT 设置语料库，包括与订单查询场景相关的文章、新闻、资讯等。

（5）设置多样化回答。为了让 ChatGPT 生成的内容更加丰富，我们可以设置多个回答选项，让 ChatGPT 能够根据不同的情况生成不同的回答，提高内容的多样性和丰富度。例如，当用户询问"我的订单状态是什么？"时，ChatGPT 可以给出多个回答选项，如"您的订单已发货，正在配送中。"或者"您的订单正在处理中，请耐心等待。"同时，我们还可以设置自然语言生成模型，让 ChatGPT 能够生成更加流畅、自然的回答。

 文章案例

案例：订单查询场景

下面是 ChatGPT 在一个订单查询场景下的完整流程。

第一步：用户输入问题，"我的订单什么时候能送到？"

第二步：ChatGPT 根据话题分类将问题归类为"物流信息查询"话题。

第三步：ChatGPT 从问答库中查找相关的问题和回答，给出相应的回答，"您的订单已于昨天发货，预计明天可以送达。"

第四步：ChatGPT 根据语料库生成与问题相关的连续文本，提供更加详细的信息和解决方案，"您的订单已经在运输途中，当前在××快递公司配送，您可以通过快递单号进行查询。"

第五步：ChatGPT 给出多个回答选项，让用户可以选择更加符合自己需求的答案，"您的订单已发货，正在配送中。您可以通过订单页面或快递单号进行查询，如有疑问可以联系我们的客服人员。"

通过以上流程，ChatGPT 可以根据用户的问题和场景需求，给出相应的回答和解决方案，帮助用户更好地查询订单信息，提高智能客服的质量和效率。

9.3　调整文本语句，数量与质量兼得

有时候，我们需要按照自己的习惯来排列语句。比如说，我们想要把一条消息排在第一位，我们可以按照从左到右或者从右到左的顺序进行排序，也可以按照时间或者空间来进行排序。这是因为这样能够让消息更快地进入我们的视野。

而在 ChatGPT 中，它可以自己进行语句排序。如果我们有很多条消息想要按照时间或者空间来进行排序，那么 ChatGPT 可以给我们提供一份顺序列表。这份列表可以让我们更快地找到自己想要的内容，而且还不会让消息出现混乱或者丢失的情况。

9.3.1　词句多调整，结果各不同

在我们使用 ChatGPT 进行回答时，我们并不希望它的回答是一堆杂乱无章的语

句。因此，ChatGPT 需要进行语句结构的调整，使其更加符合我们的需求。

在对 ChatGPT 进行语句结构调整时，它会根据问题进行搜索和分析，找到与问题相匹配的答案。例如，如果我们问"我如何提高我的工作效率？"那么 ChatGPT 就会根据问题来搜索答案，找到最能提高工作效率的方法。

☞ 调整语句

调整语句，就是让 ChatGPT 回答的语句数量可以增加，也可以减少。当然，这并不是一个固定不变的值，而是会根据当前句子的长度及上下文变化而变化。比如说，如果我们在询问"今天天气怎么样"，那么 ChatGPT 就会回答"今天天气晴朗"。如果我们询问"我们的床在哪里？"ChatGPT 就会回答"床在房间的另一边"。

下面，我下达指令，让 ChatGPT 扮演一个创作者，通过调整文本语句生成三种不同的盗墓笔记类风格的悬疑小说。

第一部小说：《宿命之门》

"那扇门，总是那么神秘。难道真的就是通向地狱的宿命之门？"我心中不禁燃起了一团好奇之火。

我和我的团队一同来到了这个神秘的地方，准备一探究竟。可是，当我们踏入那扇门时，却被一股无形的力量吞噬了。

我环顾四周，发现我们已经来到了一个陌生的世界。这里似乎是古代人类探索过的地方，但是现在却荒芜一片。我们应该如何摆脱这个陌生的世界，回到现实中呢？

第二部小说：《神秘古墓》

"这个古墓，隐藏得太深了。"我在心中暗自叹息。

我和我的团队对这个古墓进行了详细的勘探，发现这里藏着许多神秘的宝藏。但是，当我们试图进入古墓时，却遭遇了一系列的陷阱和危险。

我们不断地攀爬、寻找线索，终于发现了宝藏的所在地。但是，当我们试图取出宝藏时，却发现这里还藏着更加神秘的秘密，一件件惊心动魄的事情接踵而至……

第三部小说：《失落的宝藏》

"这个宝藏，到底是什么？"我在心中默默地问自己。

我和我的团队来到这个神秘的地方，准备探寻失落的宝藏。但是，这里充满了各种各样的危险和陷阱，我们必须小心翼翼地前行。

我们终于找到了失落的宝藏，但是宝藏却被一股神秘的力量所保护。我们需要解开这个谜团，才能取得宝藏。

在探险的过程中，我们遭遇了许多困难和挑战，但是我们坚定地相信，只要有信念和毅力，就一定能够找到宝藏并获得成功。

这三种不同结构的小说都是通过调整情节和描述方式来生成的。

第一部小说《宿命之门》突出了探险的神秘感和未知性，通过描述主角进入宿命之门后的情景来增加悬疑感，让读者产生好奇心和疑问，想要了解更多的情况。

第二部小说《神秘古墓》则突出了探险的危险感和困难性，通过描述主角在古墓中遭遇的陷阱和挑战来增加悬疑感，让读者产生紧张感和好奇心。

第三部小说《失落的宝藏》则突出了探险的挑战感和成功感，通过描述主角在解开谜团和克服困难后取得宝藏的情景来增加悬疑感，让读者产生期待和满足感。

通过调整语句，我们可以为小说营造不同的氛围和感觉，创作出不同的小说效果。

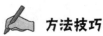 **方法技巧**

使用 ChatGPT 创作时，可以通过调整文本语句的方式生成不同的结果，具体方法如下。

1. 改变开头句型

改变开头句型可以让文本更加丰富多彩。比如，可以用疑问句、感叹句、陈述句等不同的方式来引入故事情节，让读者产生不同的情感体验。

例如：

"那扇门，总是那么神秘。难道真的就是通向地狱的宿命之门？"（疑问句）

"这个古墓，隐藏得太深了。"（陈述句）

"这个宝藏，到底是什么？"（疑问句）

2. 调整情节描述

通过调整情节描述可以为文本赋予不同的情感色彩。比如，可以增加悬疑、紧张、刺激等元素，让读者更加投入到故事情节中。

例如：

"我们终于找到了失落的宝藏，但是宝藏却被一股神秘的力量所保护。我们需要解开这个谜团，才能取得宝藏。"（悬疑元素）

"我们遭遇了一系列的陷阱和危险，不断地攀爬、寻找线索。"（紧张元素）

"在探险的过程中，我们坚定地相信，只要有信念和毅力，就一定能够找到宝藏并获得成功。"（鼓舞人心元素）

3. 调整语言风格

通过调整语言风格可以让文本更加生动有趣。比如，可以用比喻、夸张、反转等手法来增加文本的趣味性和新意。

例如：

"当我们踏入那扇门时，却被一股无形的力量吞噬了。"（比喻手法）

"我们不断地攀爬、寻找线索，终于发现了宝藏的所在地。"（夸张手法）

"我们遭遇了许多困难和挑战，但是我们坚定地相信，只要有信念和毅力，就一定能够找到宝藏并获得成功。"（反转手法）

生成高质量的内容需要注意以下几点。

（1）语言表达要准确流畅，避免语病和歧义。

（2）故事情节要紧扣主题，不要出现突兀的情节转折。

（3）描述要生动有趣，避免过于平淡和枯燥。

（4）注意文本的逻辑性和连贯性，避免出现前后矛盾的情况。

（5）尽可能地使用丰富的词汇和句型，让文本更加有层次感和深度。

9.3.2 文章案例精选

在调整文本时，通过以下方法可以让生成的内容丰富且质量更高。

1. 多角度思考

在文本创作过程中，要多角度思考，不局限于一个方向，尝试从不同角度和逻辑链条出发，探究出更多的可能性，从而生成更加丰富的内容。

2. 采用多种表达方式

使用多种表达方式，如比喻、夸张、反问、反转、对比等，可以让文本更加生动、有趣、有层次感和深度。

3. 多样化情节

在文本中增加多样的情节元素，如悬疑、紧张、刺激、感动、喜剧等，可以让读者更加投入到故事情节中，提高文本的质量。

4. 突出关键信息

在文本中突出关键信息，把握故事情节的重点，避免冗长的叙述，让读者更加容易理解和接受文本信息，同时也提高了文本的质量。

5. 适当增加细节

适当增加细节可以让文本更加丰富，如描写人物的心理活动、渲染环境的氛围、细致的动作描写等，可以让读者更加容易产生共鸣，提高文本的质量。

6. 合理把握文本长度

在文本创作中，要合理把握文本长度，不要过长或过短，适当增加段落分割和章节划分，可以让读者更加容易阅读和理解，同时也提高了文本的质量。

　文章案例

下面，我们以写一部仙侠小说为例。

题目：《龙脉寻宝》

1. 改变开头句型

原句：在这个世界上，有一种神秘的力量，被称为龙脉。

改为：龙脉，是这个世界上最神秘的力量之一。这个故事，就是关于龙脉的探寻。

2. 调整情节描述

原句：主角小枫，是一个普通的村民，他偶然发现了一本古籍，里面记载着一条找到龙脉的路径。

改为：主角小枫，是一个普通的村民，他做梦都没想到自己会成为寻宝家族的继承人。他的父亲在去年的一次探险中失踪，留下了一本古籍，里面记载着一条找到龙脉的路径。为了找到父亲，小枫决定踏上寻龙的旅途。

3. 调整语言风格

原句：小枫看到了一个巨大的洞穴，里面有无数的宝藏，他兴奋地大叫了一声。

改为：小枫眼前出现了一座巨大的山洞，洞口散发着神秘的气息。他凝神望去，发现洞内布满了宝藏和陷阱。小枫咽了口口水，心中充满了激动和紧张，他鼓起勇气，踏入了洞穴的深处。

4. 多样化情节

原句：小枫遇到了一位神秘的老人，老人告诉他，只有通过考验，才能找到龙脉。

改为：小枫遇到了一群神秘的人，他们身穿华丽的衣服，手持各种神器。他们告诉小枫，只有通过一系列的考验，才能找到龙脉。小枫在考验中遭遇了重重困难和危险，但是凭借自己的勇气和智慧，他一步步走向了目标。

以上是基于原文进行调整的例子，通过改变开头句型、调整情节描述、调整语言风格、多样化情节、适当增加细节等方式，让文章更加生动有趣、丰富多彩，提高了文本的质量。

9.4　注重实际应用，作用价值一把抓

在目前的技术下，ChatGPT 已具备了相当的语言处理能力，可以实现自主对话、

文本生成等功能。但是，ChatGPT 并不是一款简单的聊天机器人，它要面对的是用户、客户、客服等各个群体。如何做好 ChatGPT 的实际应用，使其作用价值最大化，是值得我们思考的问题。

9.4.1　运用要得法，原创不可少

目前，ChatGPT 主要应用在金融、互联网、科技、医疗等领域，通过它可以快速建立沟通渠道，解决客户问题。但是，这些应用场景大多是临时性的，不具备持续性。所以，我们在使用 ChatGPT 时，要注重实际应用，将其作用价值充分发挥出来。

具体来说，我们可以从以下几个方面入手。

（1）根据用户问题与 ChatGPT 进行自动对话，回答用户问题并提供相应的解决方案。

（2）对用户提问进行整理与分类，提供相关的参考答案。

（3）针对用户反馈的信息进行智能回复、智能处理。

（4）对用户咨询进行实时跟踪，及时为客户提供有效信息。

（5）在 ChatGPT 生成的回答中找到一个最优的答案并输出。

ChatGPT 在实际应用中，还需注重与业务系统的结合，并根据实际情况进行调整，才能发挥其最大价值。例如，在产品销售过程中，销售人员可以与 ChatGPT 进行对话，了解客户对产品的需求、进行产品介绍、解答客户疑问等。而在客户服务过程中，ChatGPT 可以帮助客服人员处理用户投诉、咨询等问题。另外，ChatGPT 还可以与用户进行对话，帮助用户解决问题，向用户提供帮助。

ChatGPT 作为 AI 技术，本身是带有对话功能的。在 ChatGPT 的应用过程中，可以通过自然语言处理技术，将其与智能客服系统相结合，在智能客服系统中设置一个对话模板，让 ChatGPT 自动生成对话内容，以达到与用户沟通的目的。

在这个过程中，可以将用户的历史记录和交互情况转化为标准模板进行保存。在后续的交互过程中，可以根据新的对话内容进行定制化的开发。当然，这种模式也可以扩展到更多行业当中。

但是需要注意的是，在这个过程中要保证 ChatGPT 系统的稳定运行，并且需要 ChatGPT 与智能客服系统进行有效的对接。ChatGPT 与智能客服系统之间存在一定的差异性，所以要进行有效对接就要保证两者之间信息交互的准确性和完整性。如果信息不准确或不完整，就会影响用户对 ChatGPT 的使用体验。

　**实际应用**

作为一个使用 ChatGPT 进行创作的用户，我们需要注重其实际应用和体现其具

体价值，同时保证创作出来的文章是原创的，举例说明。

假设我们是一家投资咨询公司的分析师，我们需要使用 ChatGPT 来创作一篇关于某股票的分析报告，以帮助我们的客户作出正确的投资决策。

首先，我们需要根据股票市场的实际情况和客户的需求，构思文章的主旨、内容和结构。然后，我们可以使用 ChatGPT 来辅助创作，如输入某个关键词或者问题，让 ChatGPT 自动生成相关的观点和内容。

但是，我们需要注意的是，ChatGPT 只是一种工具，我们需要对生成的内容进行筛选、修改和整合，以确保文章的准确性、可读性和原创性。同时，我们需要注重其实际应用和体现其具体价值，比如：

（1）分析市场趋势和公司业绩，给出投资建议和风险提示。

（2）对公司的财务数据、行业竞争、管理团队等方面进行深入分析，挖掘短期和长期的投资机会。

（3）基于客户的需求和投资偏好，提供个性化的投资组合和风险控制方案。

（4）结合市场新闻、政策变化和经济形势，及时调整投资策略和风险管理措施。

（5）着眼于长期价值和可持续发展，关注公司的社会责任、环境保护和科技创新等方面，为客户提供更加全面和精准的投资建议。

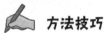 **方法技巧**

确保使用 ChatGPT 生成的文章是原创的，可以考虑以下几个方法和技巧。

（1）修改和整合。使用 ChatGPT 生成的文章可能存在语句不通顺或重复等问题，需要对文章进行修改和整合，使其更符合实际应用和读者需求。在修改过程中，可以增加或删除一些内容，以使文章更加准确和有说服力。

（2）引用和注释。如果在文章中引用了其他人的观点或数据，需要注明出处和来源，并进行适当的解释和分析。同时需要注意，不要过多地引用他人观点，以避免文章被指缺乏原创性。

（3）检测和校对。可以使用专业的文本检测工具或人工校对，检查文章中是否存在抄袭或剽窃行为。同时，需要注意文本检测工具的准确性和适用性，以免误判或漏判。

（4）添加个人观点。在使用 ChatGPT 生成文章的基础上，可以添加一些个人观点和见解，使文章更具有个性和独特性。同时需要注意，个人观点应该基于事实和逻辑推理，不应过于主观或片面。

（5）学习和掌握文本生成技术。对于使用 ChatGPT 等文本生成技术进行创作的人员，需要不断学习和掌握相关技术知识和规范，以提高文章的质量和原创性。同时也需要了解相关法律法规和行业标准，遵循规范和道德要求，避免违法或违规行为。

9.4.2　文章案例精选

举一个例子，假设我们要使用 ChatGPT 生成一篇关于 AI 的文章，可以按照以下步骤进行。

（1）输入关键词和问题。例如，可以输入"什么是人工智能？"让 ChatGPT 根据这个问题生成相关的文章。

（2）生成文章。ChatGPT 会根据输入的问题，搜索相关的信息和文本数据，并生成一篇关于 AI 的文章。例如，生成的文章可能包括 AI 的定义、发展历程、应用领域等方面的内容。

（3）检查和修改。在生成文章之后，我们需要对文章进行检查和修改，以确保文章的准确性和原创性。例如，我们可以增加一些个人观点和见解，使文章更具有个性和独特性，或者删除一些重复或不必要的内容，使文章更加简洁和易读。

（4）发布和分享。在确保文章的原创性和准确性之后，可以将文章发布到相应的平台上，与读者分享有关 AI 的知识和见解。

需要注意的是，在使用 ChatGPT 等文本生成技术进行创作时，我们需要充分考虑文章的实际应用和读者需求，保持文章的原创性和准确性，并遵循相关法律法规和行业规范。同时，也需要不断学习和掌握相关技术知识和规范，以提高文章的质量并保证原创性。

 文章案例

以下是一份使用 ChatGPT 生成的伊利股票分析报告，展示了 ChatGPT 如何注重实际应用，并提供具体的分析论证过程。

案例：伊利股票分析报告

一、公司概况

伊利集团是中国最大的乳制品生产企业之一，主要生产各类乳制品、饮料和冷饮等产品。公司成立于 1999 年，总部位于内蒙古呼和浩特市，目前在全国拥有 10 个生产基地和 100 多个销售分公司，产品销往全球 50 多个国家和地区。公司股票于 2006 年在深圳证券交易所上市，股票代码为 000848。

二、市场环境分析

1. 行业前景

随着人们生活水平的提高和健康意识的增强，乳制品市场需求不断增长，市场竞争日益激烈。同时，国家对乳制品行业的监管力度加大，对产品质量和安全提出更高要求，加强了行业的整体规范和标准化。

2. 竞争格局

目前国内乳制品市场竞争格局呈现出三足鼎立的局面，伊利、蒙牛和光明分别占据了市场份额的 30%以上，其他品牌的市场份额较小。其中，伊利在高端市场和品牌形象方面具备明显的优势，但在低端市场和渠道建设方面还存在一定的不足。

三、企业风险分析

1. 市场风险

随着市场竞争的加剧和新品种的不断涌现，伊利在市场份额和销售额方面面临一定的压力和风险。同时，国内外乳制品行业的发展也会对公司产生一定的影响。

2. 财务风险

伊利的财务数据表现良好，但公司在扩张和投资方面的资金需求较大，如果管理不当或者市场不佳，可能会对公司的财务状况产生一定的风险。

3. 品牌风险

伊利作为国内知名的乳制品品牌，其品牌形象和声誉对公司的发展具有重要的作用。但如果公司在产品质量、安全和环保方面出现问题，可能会对品牌形象和声誉造成一定的影响和损失。

四、投资建议

综合考虑以上因素，我们认为伊利股票具有一定的投资价值和潜力，建议投资者关注公司在高端市场和品牌形象方面的表现，同时关注公司在产品质量和安全等方面的监管和控制情况。对于短期投资者，建议适时关注市场波动和行业动态，控制风险，选择合适的买入时机。对于长期投资者，可以关注公司的战略布局和未来发展规划，把握行业发展趋势和公司优势，持续跟踪和关注公司的业绩和财务状况。

ChatGPT 是如何生成这些内容的？以下是对上述分析报告中使用 ChatGPT 生成的部分进行逐条说明。

（1）公司概况。这一部分是基于伊利集团的官方网站、股票交易所和财经媒体等公开资料进行的调取。ChatGPT 可以根据给定的关键词和语境，在庞大的文本数据库中搜索相关信息，并自动生成相应的内容和结构。

（2）市场环境分析。这一部分的数据来源主要包括行业报告、政策文件、市场数据和专家意见等，ChatGPT 可以根据输入的关键词和问题，在海量的文本数据库中搜索相关信息，然后将信息整合成相应的分析和观点。

（3）企业风险分析。这一部分的数据来源主要包括公司公告、财务报表、行业监管文件和专家意见等，ChatGPT 可以根据输入的关键词和问题，在海量的文本数据库中搜索相关信息，然后将信息整合成相应的风险评估和建议。

（4）投资建议。这一部分是基于市场分析、企业风险和客户需求等因素进行的综合分析和建议。ChatGPT 可以根据输入的关键词和问题，在海量的文本数据库中搜索相关信息，然后根据事实和逻辑规律，生成相应的结论和建议。

值得注意的是，ChatGPT 并不是简单地将多个文本片段拼接在一起，而是基于自然语言处理和机器学习技术，将不同的信息进行语义理解、逻辑推理和语境分析，从而生成具有一定连贯性和准确性的文本内容。因此，对于生成的内容，我们需要进行筛选、修改和整合，以确保文章的准确性、可读性和原创性。

素 质 篇

第 10 章

公文写作人员素质养成

10.1 补能力，缓压力

公文写作具有一定的特殊性，要想写好一篇公文，公文写作人员就要不断加强学习，提升自己各方面的能力。在提升能力的同时，公文写作人员还要学会自我释放并缓解压力。通过建立平衡、学习放松技巧、与他人交流和自我关爱，处理公文写作所带来的压力，提高工作效率和质量。

10.1.1 勤于学习，补充三种能力

公文写作人员必备的三种能力。

第一，专业技能。包括掌握专业术语、准确表述、组织结构、撰写报告等。

第二，沟通能力。包括与领导进行有效沟通、理解领导的意图和要求、将领导的要求灵活地融入公文中去等。

第三，应急反应能力。包括在有限的时间内提炼关键信息，并以清晰、简洁的方式表达出来，确保公文可以及时准确地传达其核心内容和意图等。

 **场景重现**

小刘这天写了一份有关筹备铁路新设备科技展览的请示报告，但李总阅读后表示极度不满，批评该请示用词不恰当，逻辑混乱，陈述含糊，令人难以明白其意图。

李总批评道："这份请示写作水平不尽如人意，满篇业余用语，连基础的专业水准都未达到？"

面对严厉的批评，小刘十分尴尬。小刘认识到了自己的公文写作基本功还不扎实，必须尽快提升自己的公文写作技能。

为了提高自己的能力，小刘向华姐寻求建议，询问如何能够有效提升公文写作的专业水平。

 **分析解惑**

　　华姐：公文写作的关键在于能够正确运用专业词汇，确保表达的精准性，掌握文档的逻辑结构，并且熟练地编写各类报告。

　　小刘：华姐，除了专业技能，我感觉自己的沟通能力也不好，往往是领导说了一箩筐，我还没领会领导真实的意图，导致写出的公文总是不符合领导的要求。

　　华姐：有效的沟通在公文写作中非常重要。无论写什么样的公文，在动笔之前都要先和领导进行有效沟通，准确把握领导的意图，确定公文的主题和核心思想，盲目动笔容易写偏。

　　小刘：还有什么需要注意的吗？

　　华姐：很多公文写作人员文章写得不错，但是在行文上却马虎大意，经常犯一些低级错误，如越级行文，你看下面这个例子。

　　内蒙古科技馆是内蒙古自治区科技厅的二级单位，内蒙古科技馆馆长在日常工作中与内蒙古自治区科技厅的同志建立了良好的工作关系。一次，内蒙古科技馆要举办一个展览，该馆就直接向自治区财政厅呈送了一份关于申请相关经费支出的请示。

科技馆关于铁路新设备科技展办展经费的请示

　　内蒙古自治区财政厅：

　　为了展示我省铁路新设备科技发展成果，内蒙古科技馆拟于××××年××月举办一次铁路新设备科技展览，展出铁路设备科技方面的实物产品××件、图片××张。……恳请贵厅给予××万元经费支持。

　　专此请示。

××省科技馆

××××年××月××日

　　华姐：省科技馆是省科技厅的二级单位，省财政厅与省科技厅是平级单位，省科技馆向省财政厅行文属于越级行文，这种做法是错误的。正确程序是：省科技馆向省科技厅请示，然后由省科技厅就省科技馆的请示事项向省财政厅行文。

 **改后材料**

内蒙古科技厅关于铁路设备科技展办展经费的函

内蒙古自治区财政厅：

为了展示我省铁路新设备科技发展成果，内蒙古科技馆拟于××××年××月举办一次铁路新设备科技展览，展出铁路设备科技方面的实物产品××件、图片××张。……恳请贵厅给予××万元经费支持。

专此致函。

××省科技厅
××××年××月××日

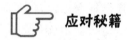 **应对秘籍**

公文写作不是一蹴而就的事，需要长期的积累和锻炼，以下是一些策略和途径，通过它们，公文写作人员可以有效地提升自己的能力。

1. 提升专业技能

（1）修炼写作基本功。公文写作需要有一定的文字功底，这包括对语言文字的精准把握，不断磨炼文笔、大量阅读增强语感等。

（2）掌握公文写作知识。需要学习公文写作的相关规范和标准，如文案格式、内容要求、排版标准等。

（3）不断实践操作。具体来说，就是要多加练习，勤于撰写各类公文。通过不断地书写，掌握公文的结构、格式和语言风格，加深对专业术语和表达方法的理解，累积处理不同写作情境的经验，进一步提高公文的质量和效果。

2. 提升沟通能力

（1）提高语言表达能力。语言表达能力对社交和写作至关重要，需要注重培养清晰、准确、有逻辑性的表达能力， 方便与他人交流。

（2）团队协作技巧。掌握团队协作技巧对于公文写作也至关重要，这包括了解团队合作流程、沟通策略以及建立有效的反馈机制。

（3）提高谈判能力。进入职场后，公文写作人员通常需要从客户、领导等不同方面获取信息，在这方面需要具备较好的谈判技巧，如沟通技巧、表达技巧等。

3. 提升应急反应能力

（1）提高应变能力。当遇到突发事件时，需要能够快速作出反应，做好信息收集、处理和传递工作。

（2）提高危机管理能力。在危机发生时，应当具备处理危机、平息风险的能力。这种危机感知和反应能力只有通过不断实践和训练才能得到有效的提升。

（3）提高紧急行文能力。增强应急撰写技能是公文写作中不可或缺的一环。面对紧急情况，如火灾、地震等灾害，公文写作人员需要迅速而准确地整理信息、组织语言，以确保关键信息的有效传达和及时响应。

10.1.2 增强信心，缓解四重压力

执笔写材料是一项枯燥而又倍感压力的任务。如果是日复一日地埋首于堆积如山的案牍文书之中，就会造成工作压力的累积，对心理和身体造成双重折磨。能否妥善处理这种心理压力，是每个公文写作人员职业生涯能否走久、走稳和走远的关键。

 场景重现

小刘是一名公文写作人员，长年累月的写作，让他承受着巨大的工作压力。这天小刘早早地来到办公室，看着摆在桌面上的文件堆，他头开始有些晕眩，压力像一座大山压在他的肩膀上，让他喘不过气来。由于压力过大，在行文时，小刘不慎将"会议决定"误写成"会议决议"。

随后，这份公文被领导点名批评，小刘感到非常尴尬和自责。

以下是小刘写错的公文：

×××省×××厅召开党组会议，对新办公楼建设事项进行了讨论，形成了一致意见，会后印发了《×××厅党组会议关于新办公楼建设有关事项的决议》。

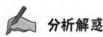 **分析解惑**

小刘决定向同事华姐请教，并把自己的错误公文拿给她看。

华姐：小刘，你这份公文写得有问题啊，这明明是会议决定，你写成了会议决议。

小刘：是的，我在写公文的时候，精神状态不好，压力很大，没有集中精力，就搞混了。

华姐：你在写公文的时候，一定要冷静，认真分析公文的主题和内容，然后再开始写作。作为一名公文写作人员一定要具备抵御压力的四种能力。

一是来自领导要求的压力。

二是来自上级检查的压力，要做好"应考"的准备，不要紧张和慌乱。

三是来自上级考核的压力。

四是来自同行间的比较压力。

你之所以搞错文种就是面对领导的严格要求，过于紧张，忙中出错。

华姐："决议"在使用中要遵循3个原则：一是必须是会议讨论通过的事项；二是必须是党政机关高规格的会议通过的事项；三是必须是涉及重要问题的事项。如《中国共产党第十八次全国代表大会关于〈中国共产党章程〉(修正案)的决议》《第十一届全国人民代表大会第五次会议关于政府工作报告的决议》。

在你写的公文中，"厅党组会议"是会议，但不是高规格的会议。讨论的"新办公楼建设"不是涉及全局性的重要事项，所以用"决议"是错误的。

小刘：对，我没有仔细考虑公文的主题和内容，所以导致出现了这个错误。我会记住你说的冷静分析的方法，并且遵循决议的3个原则。谢谢您的指导。

 改后材料

根据案例中的实际情况，该篇公文应该使用"决定"这一文种，即《×××厅党组会议关于新办公楼建设有关事项的决定》，以及《×××厅党组关于新办公楼建设有关事项的决定》。

因为《党政机关公文处理工作条例》中规定，"决定。适用于对重要事项作出决策和部署、奖惩有关单位和人员、变更或者撤销下级机关不适当的决定事项。""决定"可以是会议作出的，也可以是党政机关直接作出的，而且对会议的规格没有特别要求。"新办公楼建设"对该单位来说是一项重要工作，所以该案例应该用"决定"这一文字。

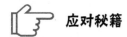 **应对秘籍**

公文写作人员经常会遇到上级来检查，需要临时赶材料的情况，所以要时时刻刻做好"应考"准备。

（1）对上级检查内容、重点等要了然于胸。在撰写公文时，充分理解上级的检查意图和关注重点至关重要。领导层通常会根据上级指导精神与明确的工作要求进行检查指导。公文起草者需对这些指示和要求有透彻的理解，这将有助于准确把握检查的核心内容和焦点。例如，在准备围绕某一主题的文档时，如果对上级的具体指示和要求模糊不清，那么所起草的内容可能会方向偏差，无法达到预期的效果。

（2）要做好迎接上级检查的准备工作。在起草公文时，要认真研究和掌握上级领导检查的重点内容、要做到心中有数、胸有成竹。要从检查的角度出发来考虑问题、提出对策、起草公文。只有这样，才能真正做到有的放矢。应对上级检查需要做好两方面的准备工作：①要做好心理准备。在迎接检查时，肯定会遇到一些自己未曾遇到过的问题和情况。公文写作人员要有"见多识广""处变不惊"的思想准备和精神准备。②面对领导提出的问题和要求，要做到心中有数、胸有成竹。面对领导提出的问题和要求，要有处理问题、解决问题的能力。面对领导提出的问题和要求，要有创新意识和开拓精神。

10.2　善观察，多投入

公文写作人员常常需要从简单的信息片段，如零散的几句话或数据，创造出一份内容丰富、结构完整的正式文档。这一过程依赖于他们对素材的深入观察、精确分析以及有效整合的能力。因此，公文写作人员应不断锻炼自己的观察能力，并全情投入到分析和整合信息的过程中。简而言之，转换并提炼基本素材为高品质公文，要求公文写作人员具备出色的观察能力和分析整合技巧。

10.2.1　观察细致，材料才精准到点

在实际创作中，公文写作人员需要仔细观察和分析素材，理解其中的关键信息。然后，将这些素材进行整合和组织，使其成为一个完整、连贯且有条理的公文。这需要公文写作人员运用逻辑思维和组织能力，将素材进行适当的排序和分段，使读者能够清晰地理解公文的内容和意义，让读者有能力从表面素材中，看到其背后的意义和价值。

 场景重现

笔试、面试、政审、体检……小刘一路过关斩将，终于在 9 月入职成为某运输公司一名公务员。入职后，办公室主任找到小刘，让小刘写一篇公文，给出了以下背景和要求。

周五，公司总经理要来参加"迎新会"，总经理需要一篇欢迎讲话稿。讲话稿背景是今年一共招录了 20 名应届毕业生，这篇讲话稿要体现总经理对新员工的欢迎，

并提出希望。

"迎新会"议程有三项：第一项，新人自我介绍；第二项，人力资源部张俊生主任介绍单位发展历史；第三项，总经理讲话。

这种场景就是公文写作人员经常遇到的情况——直属领导散会后匆匆忙忙地交代几句背景信息，执笔人就要着手写材料，并且材料完成时间也非常紧迫。职场新人通常会觉得，领导只是提出写文要求，没有给出具体思路，这样的公文根本完成不了。但其实领导该说的都说了。下面我们就对领导给出的信息进行拆解。

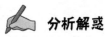 **分析解惑**

华姐：背景信息中提到的"一路过关斩将"意味着新入职的这批年轻人是百里挑一的人才，在肯定新人优秀的同时，又暗示了公司也是有着强大的实力，否则不会对选择新人这么严格。

华姐："9 月入职"这句话另有深意。既然是欢迎讲话稿，语言风格就不必太过严肃，应该是轻松欢快的语调，同时 9 月也是收获的季节，可谓是一语双关，既表明了单位收获了优秀人才，又肯定新人们在职场上有了收获。

华姐："招录了 20 名应届毕业生"，意味着运输公司注入了新的血液，使得公司充满活力。

华姐："新人介绍环节"，需要承上启下的语句作为过渡段。比如，听完新同志的发言，我很受启发和触动。

华姐："人力资源部主任张俊生进行公司发展历史介绍"，作为上级领导该如何称呼下属呢？直接喊名字是不妥的，喊张主任可以，但最符合欢迎讲话稿的叫法是：俊生主任。

华姐："总经理讲话环节"，这里需要一段承上启下的过渡句子，如"刚刚俊生主任介绍了公司的基本发展情况，下面我对大家提出几点希望……"

华姐：只要通过对现有信息的认真观察、分析就可以扩展出很多更为详细的观点，并扩充讲话内容。

 改后材料

同志们：

在这个收获的季节，我们迎来了 20 名即将投身运输事业的优秀青年。我代表公司全体员工，对你们的到来表示热烈的欢迎！

听完同志们的发言，我感到十分振奋，也很受鼓舞。你们经过笔试、面试等一系列考查环节，一路过关斩将，脱颖而出，选择了运输事业，运输公司也在众多毕业生中选择了你们，这份选择是信任、使命和责任，更是推动运输事业高质量发展的磅礴力量。

刚才，俊生主任向大家介绍了我公司的发展历史。借此机会，我以"奋斗的青春更美丽"为题和新来的同志交流几点想法，希望大家在今后的工作中，"不忘初心、牢记使命"，苦练本领、奋勇向前……

应对秘籍

要想做好公文写作工作，必须注重积累，并且收集自己的观察资料，只有这样才能够为公文写作提供丰富的素材。在这个过程中，公文写作人员要注重以下几个方面。

（1）注重对周围事物的观察。公文写作人员需要通过观察各种事物来获取知识和信息，并且将这些信息转化成自己所需要的知识和信息，通过对各种现象的观察和分析来获得新的知识和信息。

（2）注重对观察对象所具有的特点进行观察。在进行公文写作时，一定要注意从不同角度、不同方面来分析问题、解决问题、处理问题、预测未来发展趋势等。

（3）学会观察，学会抓住事物的特点。在对事物进行观察时，公文写作人员一定要注意，不要只注重事物表面的东西，而忽视了它的内在规律和特点。

（4）掌握会议的记录功能。在会议记录过程中，可以适当地增加一些细节描写。在记录会议时，应当聚焦于关键信息，同时可以适度补充一些描述性细节，如与会者的表情、举止等，以更生动地反映会议情景。对于会议背景的介绍，有选择性地引入相关背景资料和新闻报道也是有益的。重要的是，在会议过程中对关键信息进行准确记录，并在会后进行整理，以便形成有价值的参考资料。

（5）注意观察事物的细节。在公文写作中，细节往往是能够体现出一个人综合素质和能力水平的重要标志。比如说，在写一篇关于企业经营状况的文章时，如果能够突出企业的某一个方面或某一个细节的话，就会给读者留下深刻而难忘的印象。

10.2.2　全情投入，材料才有血有肉

在现代社会，公文写作是各个机关办公中不可或缺的环节，公文的质量常常直接决定着工作的效率和效果。不可否认的是，公文写作是一项烦琐的工作，要在不断地创作和反复修改中，才能写出一份格式严谨、内容完整的专业公文。那么，如

何写出高质量的公文呢？

场景重现

　　小刘在政府行政部工作，主要负责文书撰写。他每天都会认真地撰写公文，以保证公文简明扼要、内容清晰明了。这天，小刘遇到了一项极其困难且重要的任务：根据政府部门召开的一次重要会议，起草一份致全体市民的回复公文。

　　这份公文简要汇总历史、背景、数据和决策性内容，并须提出具有深远意义的建议。小刘对这项任务既兴奋又紧张，因为他在一线工作多年，已拥有出色的写作技能，但像这样复杂的公文，他还是第一次写，这份公文写作带给他的压力也是前所未有的。

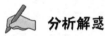
分析解惑

　　下面我们看看小刘是如何完成这篇公文的。

　　小刘在正式开始写作之前，就明确了自己的目标，并制定了合理的计划。他将每天的工作任务划分为数个时间段，充分利用每一分钟的时间进行写作，确保自己时刻保持高效的工作状态。

　　第一天，小刘早早来到了公司，将门关上，打开电脑，进入工作状态。他仔细地分析了文件，思考了这份公文写作的方向，并逐字逐句地进行修改。

　　这份文件确实复杂，需要进行大量的资料搜集和阅读。它包含了一个复杂的情境，所以小刘需要全身心地投入，以确保写出一份权威性、可靠性强的文件。每读到一句话，他都会对自己所写的文字进行思索。

　　第二天，小刘先是梳理了一下前一天的写作内容，保持自己的思路有连续性，同时根据回复内容中所涉及的一些专业知识进行素材搜集工作。他深入阅读了有关的文献资料，收集了更多的信息，以确保回复内容足够丰富、有血有肉，无歧义、无错别字、无重复使用的用语。

　　第三天，经过了两天的紧张攻坚，小刘已经将需要回复的内容成功地完成，经过了自己的检测，确保字数适中、表达恰当、句子通顺。他还检查了文章中用到的每个专业术语，查看了每个逗号、每个句号的位置和格式。完成后，他再三检查了一遍，确保文章没有过分的夸张和太强烈的情感，也没有加入个人的看法和其他内容。

　　小刘最后的成文极具专业性，完全符合政府部门文件的要求。

改后材料

尊敬的市民：

您的来信我们已经收悉，感谢您对我市老旧楼房改造工作的关注和支持。针对您反映的问题，我们特此作出如下回复：

我市一直高度重视老旧楼房改造工作，积极推进城市更新和城市功能提升。近年来，我市政府不断加大老旧楼房改造的力度，加大投入，出台一系列政策和措施，推动老旧楼房的改造和更新。截至目前，我市已经完成了大量的老旧楼房改造工作，包括改造和拆除一些老旧楼房，建设了一批现代化的楼房和社区设施，提升了城市的品质和形象。

同时，我们也清楚地意识到，在老旧楼房改造过程中，仍然存在一些困难和问题。比如，一些老旧楼房的业主意见难以达成一致，导致改造进度缓慢；一些老旧楼房的改造需要涉及土地使用权和产权等方面的问题，需要更多的时间和资源来解决。我们正在积极探索和解决这些问题，加强与业主和社区的沟通和协调，制定更加完善的政策和法规，推动老旧楼房改造工作的顺利进行。

最后，我们再次感谢您对老旧楼房改造工作的关注和支持，我们将继续努力，推动老旧楼房改造工作取得更大的进展和成效。

此致

敬礼！

×××× 政府部门

×××× 年 ×× 月 ×× 日

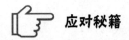 **应对秘籍**

撰写公文时，投入充分的情感至关重要，因为只有当投入全身心的努力，才能赋予公文以生命力，使其显得鲜活、具有说服力。

（1）全身心投入，保持专注。公文写作是一项需要专注度较高的任务，所以写公文时应置身其中，全身心地投入公文写作中。切勿心不在焉或走神，这样会使写作效率大大降低。当然，有时候专注度降低也是不可避免的，需要调整一下自己的心态，让自己恢复专注的状态。

（2）注重素材积累，掌握丰富的知识储备。公文需要积累丰富的素材和知识作为支撑。只有掌握了足够的素材和知识，才能写出内容丰富、有血有肉的公文。所以，公文写作人员应该注重搜集资料，多阅读相关文献，充实自身的知识储备。

（3）保持严谨的思维模式。公文写作需要对细节的精准把握，因此，公文写作人员在创作过程中必须严格遵循规定的流程，保持细致严谨的思维习惯，以防止马虎大意导致的错误。在审核阶段，也需要对每一处细节进行细心的核查和验证。简言之，保持严谨的思维模式和注意力集中是避免公文写作中错误的重要方式。

（4）注重文风、语言的规范和规范性的问题。公文写作人员在写作时应该注重文风、语言的规范和规范性的问题，不要用过于华丽的词汇造成向上推进时的困难。

10.3　揣用意，精表达

公文写作有两大忌：一忌紧张焦虑，二忌急于表现。紧张焦虑主要是因为时间比较赶，材料素材准备不充分，为了完成任务就会紧急交差，出现粗制滥造的现象；而急于表现往往则是因为领到任务后没有深入思考，忽略了很多细节，导致返工不断。

这两种现象，无论是哪一种，都能看似比他人"快"一步完成任务，实则却会导致反复修改，最后反而落后。因此，在接到公文写作任务时不要着急下笔，第一件事要做的是了解公文的用途和所要表达的意图，这样才能做到有的放矢。

10.3.1　了解领导意图

领会领导意图不是一蹴而就的能力，对领导意图的理解必然要受到自身认知与领导意图两方面因素的影响。公文写作人员个人的政策理论水平、领悟能力、性格特点等，会对领导意图的准确把握产生很大的影响。作为公文写作人员必须清楚自身的优势和局限性，做到扬长避短。

 场景重现

小刘所任职单位工会近期开展了"发挥'五老'作用，关心下一代"的活动，组织"五老"送书、题字，制作了系列宣传海报和展板。活动告一段落后，公司李总让小刘写一篇稿子出来。

小刘欣喜若狂，对领导的重视非常感激。于是，他挑灯夜战，终于在天亮前洋洋洒洒完成了一篇 3 000 多字的活动总结。一上班，他就把稿子交给了科长，还满怀期待等着领导表扬。

结果可想而知，他加班写的活动安排，被李总毫不留情批了一顿，还说他敷衍了事，对工作不认真。小刘心里委屈万分，不明白自己这么重视，还熬夜写材料，怎么就成了敷衍了事。

后来，小刘前前后后又修改了三遍，可还是没能让李总满意，信心备受打击，自己苦思不得其解，找来华姐分析原因。

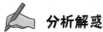 **分析解惑**

华姐：小刘，李总说活动开展有段时间了，让你写一篇稿子，那真实含义就是：对于这项工作，单位在前期、中期都做了大量工作，目前已经显现出一定效果，希望你能及时梳理汇总，呈报给上级部门，这里面有两层含义。

第一层：表明本单位按照上级部门关于"发挥'五老'作用，关心下一代"活动的有关要求及时进行了部署，并开展了系列活动，这是表示对上级的服从。

第二层：这项活动单位高度重视，采取了一系列措施，并且都落在实处，取得了阶段性效果，这是上级期望了解的结果。

可是，我们来看你写的材料，与李总真实意图大相径庭，既然活动开展了一段时间，说明活动安排、方案早就发了，你现在的活动安排就是写出花来又有什么意义？没有写出领导真实意图，熬多少个通宵都是在做无用功。

小刘：原来如此，我没有领会领导意图，很可能是由于以下原因。

1. 固定思维模式

因为上周刚写完一个类似活动的工作安排，当听到李总的交代，下意识地就用原来的工作安排当模板进行修改。

2. 急于表功心态

因为自己是职场新人，办公室秘书好几个，都是有经验有资历的秘书，领导难得给自己安排一次正式的任务，自己当然要好好表现一下。谁承想，越是想立功，越是走弯路。

华姐：你现在能够举一反三就还为时不晚，新手写材料切忌急功近利、贪多贪大，这样最容易出现写材料用力过猛的问题，导致高开低走的局面。现在既然知道了领导意图，那就重新改一下材料，好材料都是改出来的。

 改后材料

××单位认真贯彻执行上级关工委工作要求，充分发挥"五老"队伍作用，努力把关心下一代工作提高到一个新水平。

一、深入学习贯彻党的二十大精神做好青工思想工作

（1）组织关工委老同志和"五老"人员，认真学习掌握党的二十大精神实质，并紧密与关工委实际工作结合起来进行交流学习，并发挥好"五老"人员自身的政治优势，广泛深入地对青年职工进行爱国主义教育，引导广大青年职工"爱国、敬业、诚信、友善"，使学习活动常态化。

（2）采取多种形式宣传党的二十大精神。迅速发放党的二十大报告单行本，通过车站《手机报》编发二十大"热词"，在《口岸直通车》上刊登报告解读。

二、深入开展主题读书和主题教育

（1）认真开展"学习雷锋好榜样"主题读书活动和"学雷锋、心向党、讲品德、见行动"主题教育。紧密结合车站青工的思想、学习、工作实际，采取多种生动活泼的形式，拓展读书活动的形式和方法……

（2）深化"奉献呼铁·成长成才"主题教育，帮助青年职工成长成才。充分发挥老同志的优势，配合有关部门做好新入路青年退伍军人和大学生教育工作，上好入路教育第一课，帮助他们尽快成长成才……

三、努力服务全站青年职工成长成才

（1）最大限度发挥站史馆的教育引导作用，已组织 4 批 84 名青工进行站情站史教育。

（2）与站内团委共同举办"青年模范讲坛"，许多青年深感受益。

（3）成立了由 5 名 30 岁以下的青年组成的"安全事故教育 flash 演练课件"青年技术攻关小组……

（4）开展"我爱我站"系列活动。

……

四、要加强关工委队伍自身建设（略）

尽管小刘再次修改的材料依然有许多不足，如各部分之间详略安排不当，有些语句啰唆，标题之间联系不紧密，个别词语不准确，等等，但作为一个单位内部上报阶段式总结材料，对于一个新手，这篇材料基本算是过关了。

应对秘籍

尽管对领导意图，我们能了解得越具体越好，但是，有时领导的意图也不可能那么明显、透彻。这就要靠我们平时多关注领导感兴趣的问题，充分发挥自己的主观能动性了。

（1）主动与领导沟通。与领导沟通是了解其意图的首要途径。可以通过面谈、会议或电子邮件等方式与领导交流，询问其意图和期望。这样可以直接从领导口中获取信息，确保在公文中准确传达领导的意思。

（2）阅读相关文件和资料。领导可能已经发布过相关的文件和资料，这些资料可以提供有关意图和决策的线索。仔细阅读这些文件，了解其中的重点和目标，以便在公文中准确反映领导的意图。

（3）研究领导过去的行为和言论。领导过去的行为和言论可以提供关于其意图的线索。回顾领导过去的决策和表态，分析其偏好和价值观，以便在公文中更好地体现领导的意图。

（4）与其他部门或同事交流。与其他部门或同事交流可以获取更多关于领导意图的信息。他们可能与领导有更多的接触，了解领导的思维方式和偏好。通过与他们交流，可以获取更全面的信息，更好地把握领导的意图。

（5）了解当前的背景和环境。领导的意图往往会受到当前的背景和环境的影响。了解当前的政策、经济、社会等情况，可以帮助理解领导的意图和决策的背景。这样可以在公文中更好地把握时机和角度，更准确地传达领导的意图。

10.3.2　清晰上级需求

小刘最近又困惑了，他按照领导意图写的材料，呈报给上级部门，可总是被打回来。每次上级给出的反馈要么就说这不是近期重点工作，要么就是说报送的材料不符合要求。可哪些是重点，哪些不是重点，哪些地方不符合要求呢？小刘完全不知该如何判断。

这天早上八点，小刘和华姐所在单位就接到上级通知：新上任的集团公司董事长一天后要莅临单位视察工作。公司李总得知后，高度重视，安排小刘写一篇给董事长的汇报材料。

李总交代完匆匆忙忙走了，留下小刘有点蒙圈：材料在下午六点前完成，第二天早上十点，董事长就到了，可李总没有交代要写哪些内容，重点是什么，以什么形式呈现。

小刘想，既然李总也没交代写哪些内容，只要我把单位今年干的工作都写上，肯定不会出错。于是小刘奋笔疾书写了整整十来页的汇报材料。

李总拿着小刘递上来的汇报材料直摇头："这么多内容，上级领导怎么能一下子看完，既然看不完，又如何能了解我们单位重点项目呢？拿回去重新删减，修改，务必晚上十二点前完成。"

华姐：小刘，在写材料前，我们第一要了解领导意图，第二就是要清楚上级需求。从十来页的汇报材料看，你其实已经了解了李总的意图，他想把单位的亮点展

示给新来的领导。但你犯的最大的错误在于，你没有了解上级领导需要什么样的内容。简单来说，像这种汇报材料，属于上行文的一种，是下级以文字的方式向上级部门汇报近期重点工作开展情况，以及其他需要汇报的事项。而这次汇报的对象是新任董事长，那这个材料的写作思路该如何调整呢？

第一，上级领导最近关注的重点工作是什么？

上级领导关注的重点才是公文材料内容的核心，简单说，你的材料是给谁看的、他关注的焦点在哪，那就是你公文材料的主体内容。

有的执笔人会说："我们很多都在基层一线，又不在领导身边，怎么知道上级领导关注的焦点是什么？"

解决这个问题其实很简单，那就是培养搜索积累的习惯。每个单位都有内网，在内网上会有专门的栏目刊登"领导动态""信息简报""单位要闻"等。这些版块的文章通常是由各个单位笔杆子，以及上级宣传部门专人撰写的，他们就是负责把领导思路落在纸上，所以他们最清楚领导最近关注的重点项目是哪些。

在这些栏目我们会经常看到这样的表述："××领导出席什么会议，提出三点要求""××领导出席什么活动，对近期工作提出三方面提示"等等。领导提出的要求和提示，就是希望各单位做细做实的重点工作，也是下级部门向上汇报材料内容的重点。

第二，看看其他兄弟单位最近被选用的都是哪些公文材料。

除了关注内网这些专栏，我们还可以参考其他兄弟单位被上级部门选用的公文材料。如果内网实在找不到我们需要的内容，那么我们可以查看同系统内的其他兄弟单位近期被上级部门选用了哪些公文材料。一方面，被选用的公文材料一定是上级想看到的重点工作；另一个方面，既然能被选上，说明这个材料质量过关，套用这个模板，思路不会走偏。

比如，同样是工程单位，那么重点工作大体相同，不同的也就是个别的几个侧重点，所以汇报材料框架大致相同，唯一不同的就是各单位实际工作侧重点不同。因此，写汇报材料的时候，完全可以参考兄弟单位的汇报材料的框架，以及重点工作的切入点，再加上本单位的个性部分，一篇合格的汇报材料基本就成形了，后续就是修改细节的事了。

小刘：你说得太对了，我写公文最愁的就是不知道去哪找素材，去哪找相关资料参考，公文写作书有很多，可大多跟我们体制内部公文不太一样，这模板呀还是找我们同一系统的更直接、更实用。

华姐：写完稿后，不代表文章就万事大吉了，最后一个动作应该是跟上级进行沟通，看看是否符合上级要求。比如：××材料已经报送邮箱，请您查收，如有修改意见，请您及时反馈，第一时间修改；或者是去上级单位开会、培训时，可以主动去近期报送公文的部门沟通，了解近期公文需求情况。

改后材料

一、单位基本情况

（1）单位概况：××由甲、乙、丙3个救援列车编组而成，设置在××机务段院内。单位班子成员共有7人，其中大学本科学历1人，大专学历4人、中技学历2人，平均年龄50.8岁。车间现有职工86人，党员30人。

（2）管辖区段：担当××线：××二线……救援任务总里程为1 321.993 km。

（3）配属设备情况：配备有目前较为先进的德国造160 t、200 t起重机，160 t国产伸缩臂起重机、100 t固定臂起重机的主型救援设备，液压起复设备为辅的救援起复设备。

二、主要工作情况

认真执行集团"四个不足四个补"经营策略，主动落实集团公司党委、集团公司工作部署和要求，共谋货运改革发展大计，共赴"两坚守两实现"攻坚战，全年成绩斐然。

重点完成了：1、2、3……

总体来看，工作呈现出许多亮点：一是"两个维护"更加坚定自觉；二是安全生产保持总体稳定；三是经营任务超额完成；四是服务社会经济贡献突出。

三、目前存在的困难

1. 安全履职尽责面临更高要求和严峻考验。

2. 完成经营任务难度进一步加大。

3. 完成降本增效的规范管理还需加强。

四、下一步工作打算

1. 坚守政治红线和职业底线，维护安全稳定局面。

2. 扩大货物运输有效供给，努力提升市场份额。

3. 深化改革创新，激发企业发展内生动力。

一要加强队伍建设；

二要强化经营责任落实；

三要推进科技创新改革；

👉　**应对秘籍**

写公文之前，了解领导的真正需求是至关重要的，我们需要通过以下方法来了解领导的真正需求。

（1）积极主动地与领导进行面对面的交流，明确询问他们的具体期望和目标。在与领导交流时，我们应该仔细倾听，提出有针对性的问题，以确保我们真正理解他们的期望和需求。这样可以更好地为领导提供所需的信息和支持。

（2）分析领导的决策背景和目标，通过分析领导的决策过程、背景和目标，我们可以更好地把握他们的优先事项和关注点，从而更准确地满足他们的需求。

（3）分析历史公文，通过研究领导过去的公文，分析其风格和内容，可以间接获取他们的工作风格和需求，进一步理解领导的工作方式和标准。

（4）建立良好的工作关系，通过与领导建立良好的工作关系，可以从日常的互动和沟通中深入了解他们的需求和期望，提高公文的贴切度。

10.3.3　精准文章表达

秘书行业里有一句话"公文落笔有根据，模棱两可难过关"。何谓落笔有根据呢？就是每一句话都要有出处，每一个数据都要真实、准确，大小标题要有逻辑性，每部分内容要能支撑观点，切忌模棱两可。

场景重现

李总安排小刘为党委书记写一篇汇报材料，主题内容有关机关干部作风建设情况。这是小刘第一次被安排给单位"一把手"写汇报材料，他非常重视，熬了几个通宵完成了任务。在他交给领导的情况汇报材料中，有如下一段话。

上级党委要求各级领导干部要落实逐级谈心制度和干部 8 小时外监督检查制度，对去年考核较差的 10 位中层领导干部逐个开展提醒谈话。切实落实困难职工及家属常态化慰问工作，对患重大疾病的职工及家属，原则上由党委领导慰问。按照上级要求，我单位干部作风建设活动取得阶段性成效，解决了干部作风典型问题 8 个，倾向性问题 8 个，完成干部作风转变 12 项，预计完成重点项目 10 项。

小刘写好情况汇报材料后，交给领导审核，领导提出了如下几个问题。

（1）干部考核分几个档次，分别是哪些？这些较差的干部都是谁，什么职务，分管什么工作？作为干部考核的晋升标准，他们是及格还是不及格，是否需要诫勉谈话？

（2）对患重大疾病的职工及家属，原则上由党委领导亲自走访慰问，那特殊情况下由谁负责？有哪些特殊情况？

（3）干部作风问题有几大分类，典型问题重点有哪些，倾向性问题又有哪些？这些问题有无整改措施，整改情况如何？

（4）预计完成的重点项目，都是哪几个方面，有无具体完成期限？

面对领导一连串的发问,小刘有点发蒙,领导提出的问题,他一个也答不出来。因为在写情况汇报材料时,为了赶工,他并没有考虑这些具体问题,也没有去翻阅相关文件和查阅具体数据的来源出处。

 分析解惑

小刘虽然拼尽全力完成了任务,但是领导询问时,一问三不知,表面上看,小刘快速完成了上级交办的写文任务,实际呢?对于一个连基础信息和数据都没有根据的材料,领导怎能放心使用,心里也会觉得小刘干活稀里糊涂,不靠谱。

华姐:小刘,你知道为什么回答不出领导的问题吗?

小刘:我觉得可能是因为我没有对基础信息进行仔细核实和深入思考,只是为了赶工而赶工。

华姐:那你能具体说一下哪些基础信息没有核实和思考吗?

小刘:比如,谈心制度和分析摸排制度的具体操作细节、考核较差的10位中层领导的具体情况、患重大疾病的职工及家属慰问工作的具体流程和标准等。

华姐:这些基础信息都是情况汇报材料中非常重要的内容,对于这些信息你应该如何处理呢?

小刘:我认为我应该加强对这些基础信息的关注度和理解力,深入了解其内容和实施情况,掌握具体的操作细节和要求,以确保写作的准确性和严谨性。

华姐:此外,你写作时是否对问题进行了充分的分析和思考呢?

小刘:可能不够充分吧。比如,作风建设活动取得阶段性成效和预计完成的重点项目等,我没有深入分析其内在联系和影响因素。这导致在回答领导的问题时,难以作出全面和深入的解答。

华姐:好的,你还有哪些不足之处需要改进呢?

小刘:我觉得我对细节把握不够准确,如预计完成的重点项目的具体含义、操作步骤、投资方向等。这导致在回答领导的问题时,无法提供具体和准确的信息。

华姐:那么在今后的工作中,你应该注重对基础信息的关注和理解,注重对问题的分析和思考,注重对细节的把握和关注,以更好地完成汇报材料的撰写和审核工作。

 改后材料

一、干部考核

按照上级党委要求,我单位的干部考核采用的是5个档次的制度,分别为优秀、

良好、一般、较差和不合格。去年我们共有 10 名中层领导干部成绩较差，他们分别是：×××、×××、×××等，他们的职务是×××，分管工作是×××。各单位存在的问题不一，主要体现在工作推进不力、同事关系处理不当、作风不佳等方面。

二、慰问工作

慰问工作是我们单位重要的任务之一。对于患重大疾病的职工及家属，党委领导原则上亲自走访慰问。但是，如遇到特殊情况，由相关部门负责人主动承担此项工作。所有的慰问工作均由干部分管，领导对干部工作进行监督检查。

三、干部作风问题

本次干部作风建设活动共解决了典型问题 8 个，主要表现在言行不当、工作不力、机关纪律不严等方面；倾向性问题 8 个，主要体现在权力寻租、互相推诿责任、不愿接受群众监督等方面；完成干部作风转变 12 项，主要涉及落实谈心制度、监督检查制度等措施；预计完成重点项目 10 项，重点包括加强干部培训、加强机关人员的纪律作风教育、加强监督管理等。

四、回应领导提出的问题

（1）干部考核方案以及具体评分标准已按照上级要求制定，明确了 5 个档次的评分标准和考核内容。较差干部已经按照正常程序全部进行了诫勉和谈话，包括绩效考核、职业素养和作风方面的问题也将纳入考核范畴，进行严格的考核。

（2）关于慰问工作，我们已经建立了完善的慰问制度，由负责人负责实施。对于特殊情况，我们会在第一时间派遣相应的员工进行慰问。同时，要设立专项经费，保证慰问工作的顺利进行。

（3）目前，我们正在针对不同问题制定相应的整改措施，如建立健全干部考核机制，完善干部培训和选拔制度，加强对干部的监督管理等，以取得更好的整改效果。

（4）我们预计完成的重点项目主要涉及干部培训、机关人员纪律作风教育和监督管理等方面。

应对秘籍

对于每篇文章的字词精准表达，需要注意以下几点。

（1）避免使用模糊词汇。在写作中，要尽量避免使用模糊、含糊的词汇。例如，"很多""大约""可能"等。这些词汇会让读者感到不明确和不确定。相反，我们可以使用具体的数字或数据来支持自己的表述。例如，"超过 60%""精确到每个月"等。

（2）使用正确的词汇和术语。在公文写作中，使用正确的词汇和术语非常重要。这不仅可以提高文章的专业性和可信度，还可以让读者更好地理解文章的内容。

例如，如果你要写一份关于市场营销策略的报告，你需要使用一些专业的术语，如"市场细分""目标受众""品牌意识"等。

（3）突出关键信息。在写作中，需要突出文章的关键信息。这些信息应该在文章中得到重点强调，以便读者更好地理解文章的主题和目的。例如，在一份关于公司业务扩展的报告中，你需要突出公司的目标市场、扩张计划、预算和时间表等关键信息。

（4）注意语法和拼写。在写作中，需要注意语法和拼写。使用错误的语法和拼写会降低文章的质量和可读性。因此，在写作之前，需要仔细检查文章中的语法和拼写错误，并进行修改和校对。

10.4　勤积累，拓学识

公文写作人员要想写出优秀的公文，就必须不断积累知识，拓宽自己的学识，丰富自己的阅历。只有这样才能让自己在公文写作过程中有话可说、有情可抒、有理有据，让领导和群众满意。

10.4.1　勤积累，打牢理论功底

在写作公文时，要根据公文内容和行文需要，确定收集资料的范围。搜集到的资料要分门别类地进行整理和保存，以备写作时使用。如收集有关文件、会议材料等要分类保存，为起草通知、纪要等工作打下基础。

场景重现

小刘所在的公司近期对公文写作人员进行了一次集中奖励，可小刘却没能得到奖励。原因就在于，他提交的一份公文出了较大的错误。

那天，小刘接到一份紧急任务：为新任领导写一份重要的报告，由于时间很紧，他并没有花太多时间去思考如何写作。他单纯地认为，只要按时完成任务就能交差，于是他没有仔细审核就急急地把报告交给了领导。

由于太着急，小刘在写作的过程中犯了很多错误，比如：选错词语、用词不当、漏洞百出，甚至陈述不清楚，让人难以理解。尽管他认为这份报告是为了赶时间，但是这样的错误依然不应该发生。

以下是小刘写的公文片段。

标题：关于公司发展的建议

开头：本报告旨在就公司当前的发展情况提出一些建议和观点，以期能够提升

公司的竞争力。首先，我会从市场环境、竞争对手和公司内部 3 个方面进行分析，并结合具体案例和数据，提出相应的建议。

　　我们公司在市场上的地位非常差，面临着很大的竞争压力。我们应该采取一些办法来提升我们的竞争力。我们需要增加销售额，提高市场份额，以实现公司的快速发展。我们应该加强人才培养和团队合作，以提高公司的综合实力。

 分析解惑

　　小刘在事后十分后悔自己的错误。于是，他急匆匆来找华姐请教。

　　华姐：你这篇文章有以下几个错误。

　　错误 1：选错词语

　　原文：我们公司在市场上的地位非常差，面临着很大的竞争压力。

　　错误：使用了"地位"这个词语，不准确地描述了公司在市场上的情况。

　　错误 2：用词不当

　　原文：我们应该采取一些办法来提升我们的竞争力。

　　错误：使用了"办法"这个词语，过于笼统，没有指明具体措施。

　　错误 3：漏洞百出

　　原文：我们需要增加销售额，提高市场份额，以实现公司的快速发展。

　　错误：没有说明具体的销售目标和市场份额，缺乏具体的指导和计划。

　　错误 4：陈述不清楚

　　原文：我们应该加强人才培养和团队合作，以提高公司的综合实力。

　　错误：没有说明具体的人才培养和团队合作的方式和目标，缺乏详细的解释和分析。

　　小刘通过华姐的指导深刻意识到了自己的错误。他认识到，在描述公司市场地位时，他应更准确地使用能够描绘公司市场竞争状况的词汇，而不是简单地说"地位非常差"。此外，小刘也反省了关于销售额和市场份额的表述，他意识到应该设定明确的销售目标和市场份额提升计划，这样才能为实现公司的发展提供切实的行动指南。通过这次经历，小刘学会了如何更为细致和精确地处理公文写作中的细节，从而提升了自己的写作技巧。

 改后材料

关于公司发展的建议

　　本报告旨在就公司当前的发展情况提出一些建议和观点，以期能够提升公司的竞争力。首先，我将从市场环境、竞争对手和公司内部 3 个方面进行分析，并结合

具体案例和数据，提出相应的建议。

我们公司在市场上的竞争力较弱，面临着激烈的竞争压力。

我们应该采取一些措施来提升我们的竞争力，如加强市场调研、优化产品品质和提升客户满意度等。我们需要制定具体的销售目标和市场份额，如增加10%的销售额，提高5%的市场份额，以实现公司的快速发展。

我们应该加强人才培养，通过提供培训和发展机会，提高员工的专业素质和综合能力。同时，加强团队合作，促进员工之间的沟通和协作，以提高公司的综合实力。（略）

 **应对秘籍**

公文写作者的知识储备能力与个人综合素养密切相关，也与日常工作实践息息相关。因此，公文写作者要通过多种途径和方式，不断提升自己的知识储备能力，以提高个人综合素养。

（1）要加强专业知识学习。公文写作者可以通过自学、培训等方式，加强对与公文写作相关的法律法规、政策文件、业务知识等内容的学习，提升自己的专业能力。同时，还要学习新媒体写作方法、办公软件使用方法等知识。

（2）公文写作者要不断学习与公文写作相关的各类知识技巧，包括常见的公文格式、不同类型公文写作要点等内容。要想成为一名优秀的公文写作者，就必须掌握这些技巧知识，并能灵活应用在实践中。

（3）要加强语言表达能力学习。为了达到这一目的，可以通过以下方式加强语言表达能力的学习。

一是在日常生活中注重观察、积累和学习。我们应该注意观察身边发生的各种事情和现象。在收集这些素材之后，我们应该用自己的语言进行分析和总结。

二是在日常工作中有意识地使用词汇和句式进行练习。通过这些方式可以有效提升我们的语言表达能力。

（4）重视平常的写作训练是提升公文写作能力的关键。可以在线查找公文写作的相关资料，将其存储在手机中或者打印出来进行模拟练习。这种方法不仅有助于加强对知识的掌握，还能有效提升写作技巧和文章质量。

10.4.2　拓宽学识，增加思维深度

 场景重现

小刘是政府部门的一名公文写作人员，他对公文写作非常认真负责，但是由于他的知识面太窄，写出的公文常常缺乏深度和广度，被领导批评质量不高。

有一次，小刘接到了一份重要的公文任务，需要在短时间内完成。下面是小刘写的公文。

致×××公司高层：

你们好！我是某部门的小刘。今天，我要向你们汇报我们部门的工作情况。我们部门在这一季度内完成了一些任务。但是，同时也存在一些问题，如下：

（1）目前，我们的质量不高；

（2）我们的工作效率太低；

（3）我们的投诉量也比较多。

在此，我对这些问题向你们道歉，同时，我们也正在采取措施来加强我们的团队。在此对你们造成的不便表示歉意！

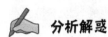

分析解惑

看到小刘的困惑，华姐主动指出了其公文中的错误。

小刘：华姐，我从领导那里得到了一份通知，需要写一份公文来回复，但是我发现自己的知识面太窄了，写出来的公文质量过于简单，得不到领导的认可，请问你有什么解决方法吗？

华姐：写一份有深度的公文的关键在于扩大自己的知识储备量。建议你多看一些新闻、历史、社会学方面的书籍，扩大自己的知识面，这样可以拓展你的思维深度。

华姐：我们一起看看你给领导写的那篇公文有哪些问题。

（1）缺乏明确的要求。这篇公文缺少对问题的具体描述，如何找出问题所在，无法得到上级领导的重视。

（2）未针对具体问题提供可行的解决方案。公文中虽然提到了"采取措施来加强团队"，但并未具体说明这些措施。这样会让人觉得公文缺乏实际意义。

（3）语言不够严谨。公文作为一种文体，语言应该注意规范和用词精确，小刘的这篇公文涉及了一些不严谨的措辞和语病。

改后材料

致×××公司高层：

你们好！我是××部门的小刘。今天，我要向你们汇报我们部门的工作情况。

关于质量不高的问题。目前，我们的产品质量无法达到行业标准。造成这种状况是因为我们的生产线在近期遇到了问题，导致产能下降，并且我们的员工技能培训不够充分，无法满足生产任务。为此，我们正在拟定更完善的员工培训和质量控制措施，希望在未来能够提升产品质量。

　　关于低效的工作问题。我们公司的工作流程比较烦琐，导致了多个部门之间工作信息沟通不畅。为了解决这个问题，我们正在实施一种全新的工作流程系统，使得信息传递变得更加便捷。

　　关于投诉量的问题。我们公司接到了一些类似的投诉。多数情况下，这些投诉来源于客户针对售后服务或者产品质量抱怨。我们正在加强对客户的沟通和反馈机制。同时，我们也正在更加关注产品质量问题，以减少这类投诉的发生。

 **应对秘籍**

　　作为公文写作人员，不断拓宽学识和增加思维深度是非常重要的。以下是一些方法可以帮助公文写作人员提升自己的学识和思维深度。

　　（1）定期更新行业相关知识。公文写作人员应该定期更新自己专业领域和行业相关的知识，关注行业发展动态和新趋势，提前掌握市场方向和最新技术，这样才能保证写出的公文符合时代潮流和客户需求，保持先进性和创新性。

　　（2）拓展多元化的阅读。阅读是拓展知识和思维深度的重要手段。公文写作人员应该不断阅读各种类型的书籍和文献资料，涉及范围应该包含社会、经济、文化、历史、政治等各个领域，以此来丰富自己的知识体系和思维深度，提高文笔和表达能力。

　　（3）参加相关培训和学习。定期参加各种行业相关的培训班和学习机会，参与各种国内外的研讨会和论坛，拓宽思维深度和专业厚度，不断学习新的公文写作技能和方法，提高自己的综合素质和竞争力。

　　（4）加强思维锻炼。思维能力是公文写作人员不可或缺的一项技能。加强思维锻炼，可以增加自己的逻辑与思维深度，提高自己的判断能力和分析能力，使自己更加理性、清晰地思考问题。具体可以通过逻辑推理、辩证法、思维导图等方式来增强思维能力。

　　（5）尝试多元化的思考方式。传统的思考方式往往会束缚公文写作人员的思想，让写作缺少新意和创造性。我们可以尝试多元化的思维方式，如视觉思维、图像思维、联想思维等，以开拓思维深度和广度，让自己的公文写作更加有灵魂和创新。

参 考 文 献

[1]   王振. 公文写作实战秘籍：笔杆子谈写材料[M]. 北京：清华大学出版社，2020.

[2]   苏航、唐昌斌. 公文写作高手速成：格式要点＋写作技巧＋模板案例[M]. 北京：清华大学出版社，2018.

[3]   张保忠. 实用公文格式与写作规范全书[M]. 北京：企业管理出版社，2015.

[4]   刘访. 党政机关公文处理工作条例精解与范例[M]. 北京：中国法制出版社，2019.

[5]   刘伟伟. 公文写作中最常见的100个错误[M]. 北京：中国人民大学出版社，2015.

[6]   庞金玲，王紫薇，冯彬彬. 公文高手炼成指南[M]. 北京：机械工业出版社，2022.

[7]   邹小强. 小强升职记：时间管理故事书[M]. 北京：电子工业出版社，2022.

[8]   成生辉. ChatGPT：智能对话开创新时代[M]. 北京：中信出版社，2023.

[9]   苏江. ChatGPT 使用指南：人人都应该掌握的 AI 最强工具[M]. 北京：北京理工大学出版社，2023.

[10]   饶琛琳，王秋实. ChatGPT 速通手册[M]. 北京：电子工业出版社，2023.